Nuestro Maravilloso Mundo

Héctor Pereyra Suárez

WESTBOW
PRESS®
A DIVISION OF THOMAS NELSON
& ZONDERVAN

Puede hacer pedidos de libros de WestBow Press en
librerías o poniéndose en contacto con:

WestBow Press
A Division of Thomas Nelson & Zondervan
1663 Liberty Drive
Bloomington, IN 47403
www.westbowpress.com
1 (866) 928-1240

ISBN: 978-1-5127-2516-2 (tapa blanda)
ISBN: 978-1-5127-2517-9 (tapa dura)
ISBN: 978-1-5127-2515-5 (libro electrónico)

Número de Control de la Biblioteca del Congreso: 2015921453

Información sobre impresión disponible en la última página.

Fecha de revisión de WestBow Press: 01/27/2016

INDICE

SEGUNDA PARTE

HÉCTOR PEREYRA SUÁREZ

TÍTULOS ACADÉMICOS: Bachiller en Teología (Colegio Adventista del Plata, Argentina), Bachelor of Arts (Pacific Unión College, California, Estados Unidos de América), Master of Arts en Hispanic American and Luso-Brazilian Studies (Stanford University, California, Estados Unidos de América).

OBRAS PUBLICADAS: *Hacia la elocuencia, La familia sobre el tapete, Las raíces de la crisis contemporánea, Dignifiquemos la existencia, Haga de su casa y su familia un hogar feliz, Más que certidumbre: una experiencia, Hechos innegables que inspiran certidumbre, La decisión suprema, Emmanuel: la epopeya de Cristo, ¿Qué quieres que haga?*

CARGOS PROFESIONALES: Profesor de idioma español y literatura (en Chile, California y Nueva York), Redactor y Director de la revista *El Centinela* y traductor de otros periódicos de Publicaciones Interamericanas (Estados Unidos de América), Managing Editor y Executive Editor del departamento de libros en español de Grolier Inc. (Nueva York y Ciudad de México).

PRÓLOGO

En nuestro maravilloso mundo, vivimos rodeados de seres, cosas y fenómenos portentosos. El suelo que pisamos contiene miles de distintos minerales que se usan vírgenes o transformados para una infinidad de propósitos.

Lo más beneficioso de nuestro planeta es que tres cuartas partes de su superficie están cubiertas de agua líquida, además de la sólida, como hielo, que cubre inmensas regiones. Cuando el sol calienta el agua de los océanos, ésta asciende a la atmósfera como gas y forma nubes que el viento transporta a grandes distancias.

De las nubes, el agua se precipita sobre la tierra en forma de lluvia. Una parte se infiltra para almacenarse en napas subterráneas y otra se desliza para formar cañadas, arroyos y ríos que la purifican al trasladarla de un lugar a otro. Así también transporta minerales y modifica climas, refrescando el ambiente cuando se evapora o calentándolo al condensarse.

Los ríos, después de regar el suelo, descargan cada año cientos de kilómetros cúbicos de agua en los mares para que de allí se evapore de nuevo para repetir el ciclo creador de innumerables formas de vida.

¡Qué admirable evidencia de diseño en la anatomía y la fisiología de millones de plantas y animales! Las plantas, que elaboran su propio alimento, sostienen otras formas de vida que, sin ellas, no existirían. Además de alimento, las plantas proveen el indispensable oxígeno para la respiración de personas y animales. Muchas plantas también son medicinas. Suelen exhibir estructuras con deleitosas formas, texturas y perfumes.

Todo en la naturaleza está adaptado a finalidades específicas que responden a un propósito. Ello es evidencia de la intención de un Creador inteligente. Eso es lo que se ha tratado de presentar en los versos (¿la poesía?) de *Nuestro maravilloso mundo*. El lector queda ahora invitado a inspirarse al admirar la prodigiosa creación divina. --HPS

Primera Parte

NUESTRO MARAVILLOSO MUNDO

Nuestro Maravilloso Mundo

Por el espacio se traslada el mundo
en elipse medida por los hombres
con precisión de metro y de segundo,
a la cual dieron nombres.

Danza y danza circunvalando al sol
sobre su eje, sin cesar, la Tierra,
sumisa al fiel control
de la gravitación que todo aferra.

Es un cuerpo celeste nuestra esfera:
no está oculta en recónditos lugares
del cosmos sin frontera;
como sede de vida, sin conocidos pares.

Es parte de portentos
--idénticos o en gran disparidad--:
que surcan con exactos movimientos
allá an la inmensidad.

Abundan existencias
por aire, tierra y agua en el planeta,
objetos de las ciencias
de estática materia o vida inquieta.
Nuestro mundo es del óptimo tamaño,
a perfecta distancia de su estrella
que fielmente rodea cada año
bajo rayos de luz que le destella.

Por el vacío, cual estrellas
del infinito cielo,

se trasladan también sin dejar huellas
hermanos orbes en constante vuelo.

Hay mundos gigantescos en los cielos,
con corteza infecunda
de gases y de hielos,
pero sin vida como en éste abunda.

Están desordenados y vacíos
tal como por edades estuvo nuestro mundo:
en tinieblas inmerso y grandes fríos,
sin el sol que por fin lo hizo fecundo …
sin agua, sin atmósfera, sin vida.

Suspende el astronauta su valor
y queda anonadado, en pasmo y desvarío,
cuando ve como un astro en su fulgor
a la Tierra que flota en el vacío.

¡Qué avanzada verdad, por centurias burlada,
de Isaías y Job en sus modelos
del globo de la Tierra que cuelga de la nada,
donde extiende y despliega Dios los Cielos!

Con poder y virtud, desde su Gloria,
pronunció su palabra omnipotente
antes que hubiera historia
para hacer de la nada lo existente.

"Dijo Dios y fue hecho" el universo.
"Dios mandó y existió" todo perfecto,

4

por la expansión disperso:
¡Primera Causa: su infinito efecto!

Con leyes, voluntad, poder y amor,
sostiene y continúa sin cesar
su obra el Hacedor
que nuestro mundo hizo de tierra y mar.

Habrá una nueva Tierra
con nueva creación,
pues todo cuanto este planeta encierra
le llena el corazón.

No solo "geometriza" el Creador
con cálculo preciso, simetría,
forma, luz y color:
combina en armonía
su arte, perfección, sublimidad,
magnificencia, alteza, maestría,
vehemencia, exquisitez, rotundidad,
ritmo, cadencia, música, poesía.

Un manto transparente

Envuelve el mundo un manto transparente
de gases bien templados, partículas virtuosas
y el agua, rica fuente
de la vida que es dueña de las cosas.

Es la atmósfera donde se equilibran
vitales energías, nunca escasas,
donde también nos unen, cuando vibran,
las ondas, los sonidos e imágenes sin tasa.

Protege a nuestra Tierra
su atmósfera ideal: la cálida envoltura
que hermética se cierra
a contingencias cósmicas de mayor altura.

Contiene nieve y hielo
con el vital oxígeno y el agua peregrina
que entre nubes y el suelo,
de ida y vuelta trajina.

Sobre el suelo silvestre,
derrama radiaciones que vivifican plantas.
No hay rincón que no muestre
que de espesura y flores hay ¡tantas, tantas, tantas!
Transporta la belleza
en su luniniscencia que revela las cosas
importantes y hermosas,
y amplifica la orquesta de la naturaleza.

Es su energía tanta
cuando rescolda ambientes,

como extendida manta
que es maternal nodriza de los seres vivientes.

Con su virtud no escasa,
equilibra mil clases de misteriosas ondas
de imágenes sin tasa
que vienen desde arriba o de regions hondas.

Transmite radiaciones y efluvios reavivantes,
mas a los rayos cósmicos mortíferos ataja,
y así a los habitantes
de todo el mundo nuestro, salva su tibia faja.

Nos hace ver azul al negro espacio
y de rojo nos tiñe el horizonte
cuando el alba despierta muy despacio
o unas nubes destapan algún monte.

Toda esa adaptación a la existencia
de mil formas de vida
¿no es acaso evidencia
del poder sin medida
de la divina mano
que hizo nuestra Tierra de la nada?
"No la creó en vano";
su infallible designio: "para ser habitada."

Un Dios murió por él

Puede haber otros orbes habitados
por ángeles o seres superiores
sin fallas ni pecados
que reciben de Dios plenos favores
por cumplir con el plan de su existencia
de acuerdo a la armonía universal.
Objetos son de honor, no de clemencia.
Jamás les hiere el mal.

No buscan redención ni temen muerte;
pero jamás han visto
morir un Dios por ellos. Tal fue nuestra suerte
cuando bajó a la Tierra Jesucristo.

De rebaños de mundos por el cosmos,
la Tierra fue la oveja descarriada
que se hallaba en el borde del abismo.
Retornó a su majada
porque vino a buscarla el Creador mismo.

¿Qué pasa en otros mundos? ¡No sabemos!
Mas el Verbo de Dios, la Acción del universo,
fue aquí donde efectuó desenlaces supremos:
del mal y de su autor, fin eterno y reverso.

Mayormente agua

La tierra firme es poco más de un cuarto
del área del planeta; y sus lugares
parecen parches en el gran reparto
de cinco continentes e islas por los mares.

¿Por qué triple porción que la de tierra?
Porque es fuente de vida:
lo que más en la célula se encierra
que a muchos más nutrientes da cabida.

Hasta la roca varia de la Tierra,
con sus sedientas bocas de poros y fracturas,
como otro mar encierra
del agua que en su seno se satura.

En sus entrañas de granito duro
a igual que en la arcilla, arena o grava,
fluye un líquido puro
por canales que el agua misma excava.

Gracias al agua hay en el mundo vida.
Líquida, sólida o de muy ralo gas,
visible en superficies o escondida
por recónditas napas, es lo que vale más.
Es lo que falta en esos otros mundos
que están en aridez.
Llegarán, como el nuestro, a ser fecundos
si el Señor les da el agua alguna vez,
que a su atmósfera suba de unos mares
y unas nubes la atrapen en su vuelo
para volcarla luego por lugares
donde haya fértil suelo.

Aquí, como vapor, hasta muy alto sube;
líquida, forma en el subsuelo capas;
se precipita en lluvias de la nube;
y en manantiales, brota de las napas.

Se hace hielo muy sólido en montañas
y es espejo al cuajarse en el invierno;
cuando se funde, riega las campañas
y las tapiza con el pasto tierno.

Porque equilibra oxígeno y carbono,
sostiene a criaturas vivas,
disolviendo del suelo con abono
riquísimas sustancias nutritivas.

Carece de color: es transparente;
no tiene olor ni es bella,
ni excita con sabor el paladar ni el diente;
y aunque hay vida sin aire, nunca hay vida sin ella.

Es mayormente agua el cuerpo humano todo,
desde el cerebro, que es supremo asiento
de la razón, y del amor … : de todo;
también del corazón, que el alimento
bien licuado reparte por arterias;
que expulsa por las venas
perniciosas materias;
que manda de ida y vuelta, por el pulmón, bien llenas.

Siendo nieve, es liviana como pluma;
mas, al acumular sus mágicos cristales,
tanto peso suma
que efectúa trabajos colosales:
gigantes desgaja en la floresta,
desploma las techumbres
y arrastra inmensas masas por la cuesta
cuando abandona cumbres.

Ya inicia una ventisca
en la cima de un monte;
ya desde alguna cúspide blanquizca,
manda un alud que borra el horizonte.
Mas ¡cuánta simetría en sus entrañas mismas,
de variedad hexagonal muy bella:
como aguja, columna, placa, prisma,
pirámide o estrella!

Sólida y cristalina, siendo hielo,
pavimenta con vidrio los polos o montañas
y productivo suelo.
Mas devuelve humedad a las campañas
en pronósticos ciertos
y muy distintos modos.
Entrega aun a desiertos
fertilidad bien empacada en lodos.

Siendo óxido de oxígeno, se aparta de modelos
como compuesto químico insumiso,
derramando en el verano hielos
en lluvias de granizo.

Le da forma de bolas o canicas,
conos, discos, estrellas
o de estructuras raras y más ricas
en apariencias bellas.

En las nubes

Cuando en el aire es aún vapor, el agua
se condensa en cristales, o granizo, o gotitas,
como el chisporreo de una fragua
o una enorme explosión de dinamitas.

Así surgen las nubes, muy bellas o deformes,
como juegos de locos mecanismos.
Vienen y van traviesas hasta tornarse enormes
y anuncian, ya la paz, ya cataclismos.

No en el mismo nivel, siempre incompletas,
hacen anillos --sus coronas--, arcos,
encendidas aureolas y sus ópticas tretas:
imitan círculos, simulan marcos.

Las forman cada día cientos de millones
de kilómetros cúbicos de agua
de evaporaciones
por un calor sin fragua
que les da sus minúsculas gotitas.

Luego el ciclo obedece su modelo:
revienta del vapor toda barrera
para mandar en lluvia, nieve o hielo,
sobre la Tierra, el agua prisionera.
Desciende si la atmósfera se enfría
cuando el atardecer declina
para enturbiar el día
desde la misma aurora, con neblina.

Casi palpable, toca así la nube
nuestra oscura terrestre superficie;

pero obedece y sube
cuando otro nuevo día el sol inicie.

Las generosas nubes jamás retienen nada,
y en muy diversas formas
reintegran así el agua evaporada.
Son fieles a las normas
de un código absoluto
con las leyes divinas
para que abunden pasto, flor y fruto
por valles y colinas.

En el océano y los mares

Por el único océano de esta esfera,
rotulado con cinco apelativos
mas sin tener fronteras,
en toda ella pululan seres vivos.

Sin él este orbe, por la noche helado
y candente por el día,
aún deshabitado,
cual gigantesco bólido andaría.

Mas absorben del sol tanta energía
las aguas de los mares,
que abastecen su inmensa factoría
de químicas sustancias y manjares.

También se hacen vapor
que la atmósfera atrapa en sitios fríos
y las retorna al ciclo creador
en lluvias y mil ríos.

Porque cubre el doble de los suelos,
es mayor habitáculo de seres
que nutre con modelos
que copia de la tierra en sus talleres:
su abundancia de algas se compara
con gramíneas o pastos;
y en desiertos afines al Sahara,
crea sargasos en oasis vastos.

Cordilleras más largas que Los Andes
hay llenas de montañas,

y de volcanes, y cañones grandes
en sus negras recónditas entrañas.

Este océano inmenso es un concierto
de ruidos y colores:
azul verdoso en costas y oscuro en mar abierto;
chillonas olas y áfonos vapores.

En los ríos

Cuando en forma de río va trazando dibujos
en el terreno que también moldea,
se somete la gente creadora a sus influjos,
y en sus riberas va erigiendo aldeas.

Y navegan sus aguas intrépidos aldeanos
buscando materiales y alimentos
que venden a artesanos
y a mercaderes de esos elementos.

De industria y de comercio la aldea se hace centro …
o arte, cultura, religión, gobierno …
Metrópoli se hace que estalla desde adentro
para invadir y conquistar lo externo.

No hay nada más enorme construido,
ni el ingeniero vio mayor proezas
que dé a su profesión mayor sentido
que diques y represas
para atajar el agua de los ríos.
Por miles de kilómetros de caños,
la reparten de allí a los regadíos
y a las urbes de ilógicos tamaños.

Y así junto a los ríos
se alínean las ciudades
y ejercen señoríos,
por más defensa que haya,
sobre otras de otras playas.

El agua, al crear riquezas,
originó la historia

con todas las proezas
que archiva la memoria.

La civilización de un mundo más tranquilo
tuvo su cuna en márgenes de ríos:
junto al Tigris, el Eufrates, el Nilo.
Así hubo desafíos
de nativos en muy aisladas zonas:
las márgenes del Plata, el Magdalena,
el Ypirangas o el Amazonas … :
donde asoló un extraño cualquier natal arena.

Sin cesar, las arterias del planeta,
por milenios, han circulado en lechos
bordeados por carpetas
de valles a lo largo de sus trechos,
milenarios también
en millas de distancia.
Desde el Río Pisón en el Edén,
traen los ríos la vida y la abundancia.

Si tuvieran memoria,
podrían ser también fieles testigos
de como muchos odios de la historia
tiñeron sus corrientes con sangre de enemigos.

Preservaron reliquias del pasado
en costaneros pueblos y naciones
que a su vez inventaron a su lado
más prodigiosas civilizaciones.

El Nilo

Por milenios durmieron junto al Nilo
innúmeros objetos de piedra, de cobre, plata u oro,
ya en estético estilo,
ya en reservas de próvido tesoro:

martillos, hachas, utensillos varios;
dagas, espadas, escudos y corazas;
bisturíes, relojes, calendarios;
templos, pirámides, palacios, plazas ...

Hijas del Nilo como Menfis,
Tebas, Alejandría, Cairo y Jartún,
son actuales y aun prehistóricos énfasis
del prodigio que el Nilo es aún.

En valles feraces del más largo río,
la mente humana fue también fecunda:
cultivó con gran brillo
ciencias, y artes, y literatura.

Inventó el alfabeto,
la tinta, y el papel, y la escritura.
Egipto es acreedora del respeto
de la historia, coetáneos y sus progenituras.
Hasta Israel buscó en Egipto,
primero, trigo; su estancia, después.
De allí salió su paladín proscripto,
su gran libertador, Moisés;

pudo dictarle el Creador su Ley
porque aprendió a esculpir con el estilo
y a regir como rey
en escuelas egipcias junto al Nilo.

El Tigris y el Eufrates

Mesopotamia, entre el Tigris y el Eufrates,
asiento fue de imperios colosales
de reyes absolutos y magnates
en inmensas, pomposas capitales.

De Sumeria, en Ur de los Caldeos,
metrópolis que fue
gran centro de cultura y de recreos,
vivió Abraham, el padre de la fe.

El Eufrates, gran río del Oriente,
sostén fue de llanuras
que desde muy antiguo hasta el presente
todas han sido cunas de culturas.

Aun la arrogante Torre de Babel,
los vástagos rebeldes de Noé
la edificaron junto al río aquel
para que allí permaneciera en pie
si un diluvio impusiera otro nivel.

Fue el núcleo original de Babilonia,
la esplendorosa hija del Eufrates
y pródiga colonia
de artistas, de ingenieros y de vates.
Detrás de sus murallas amarillas
con azules portones,
se alzaban maravillas:
los zigurats con grises escalones,

alcázares rosados, templos blancos,
estatuas relucientes de animales

y jardines colgantes policromos:
todos regios, inmensos, colosales.

A ambos lados del Eufrates, "La Grande,"
"Señora de los Reinos," Babilonia,
se enriquece y expande:
desprecia límites y parsimonia.

Es centro de comercio, artes y ciencias,
pero también de vicios.
Tórnase objeto, entonces, de advertencias
y profecías de divinos juicios.

Pisan su suelo muchos invasores,
como elamitas, árabes, asirios,
persas y griegos. Son conquistadores
con insanos delirios
de coronarse al fin emperadores.

A Babilonia, en prosa grave y bella,
amonestan los bíblicos profetas;
y, en enorme extensión, tratan de ella
las crónicas completas.

En esa impresionante capital,
derrumbáronse muros y palacios;
de sus ruinas, sacóse material
con que encerrar más émulos espacios.

En montículos duermen aun escombros,
donde las palas de la arqueología

descubren con asombros
que la historia calcó la profecía.

Fue Nínive más tarde junto al Tigris,
la gigantesca capital de Asiria
e intersección de vías.
Lució sus residencias palaciegas,
más pirámides, templos, bibliotecas …

Con ciudades-estados hizo imperio
que avasalló naciones:
a sus reyes redujo a cautiverio
y las más humillantes vejaciones.

Cuando un rey sometía a una ciudad
o a una monarquía un emperador,
buscaban nada más que propiedad
de físico valor.

Se adueñaban de bienes de la tierra
o canteras y minas de metales
con que hacer artefactos para guerra
y "estatuas inmortales."

Aun estando en la cumbre de su gloria,
profiriendo amenazas y denuesto,
a Nínive llegó con su oratoria
Jonás, como profeta mal dispuesto.

Se arrepintió la capital impía
y casi dos siglos añadió a su historia.
Cuando ya no existía,

junto al Tigris o "Río Keddekel,"
siendo de Neobabilonia el guía,
profetizó Daniel.

Al Éufrates retorna el esplendor
que con Gran Babilonia tuvo ya;
y el tirano Nabucodonosor
acaba convirtiéndose a Jehová.

El Jordán

El río más tortuoso y serpenteado,
en la más honda depresión del mundo
con cauce permanente en el pasado,
no es largo, ni ancho, ni profundo;

mas ilustra el misterio de los ríos
longevos por la acción de los ingenios
del Dios de los gentiles y judíos
que ha llenado su lecho por milenios.

Fue límite de históricos países;
entre ellos, Canaán;
y en sus valles echaron sus raíces
naciones importantes: el Jordán.

Lo vadearon: Josué, siendo adalid;
y siendo fugitivo, o como reo,
Jacob, y Absalón, y el rey David;
y en misiones, Elías y Eliseo.

Oficiaba en sus aguas el Bautista,
que enseñaba atrición a su manera;
y el nombre de Jesús está en la lista
de quienes bautizara en sus riberas.
Desemboca en el Mar de Galilea,
gran centro de la acción del Gran Maestro
y punto de asamblea
para escuchar al orador más diestro.

Allí fue a reclutar a mensajeros:
Santiago, Pedro, Andrés y Juan,

de "pescadores de hombres" los primeros
que por el globo entero despúes van.

Se libera el Jordán al sur del lago,
desde donde desciende torrentoso;
por sus nuevos afluentes, como pago,
le da su nombre al valle de ese trozo;
y de otro, frescura en el desierto.
Después, halla reposo
muriendo en el Mar Muerto.

Sangre del planeta

Los innúmeros ríos del planeta
--gigantescos, menores o riachuelos--
son una red completa
como arterias y venas de los suelos.

Aun tienen capilares:
las cañadas, quebradas y canales
que de arroyos aumentan los caudales
y empujan ríos a su fin en mares.

De corriente sanguínea en sus oficios,
los ríos distribuyen nutrición
y eliminan nocivos desperdicios,
siempre unidos al mar, su corazón.

Como arterias, reparten el sustento
entre órganos que forman poblaciones;
también son, como venas, un portento
cuando arrastran ingentes poluciones.

Hilos cosedores de países

Cosen patrias, países y comarcas,
engastan mil ciudades cual diamantes
y arrastran bellas, gigantescas barcas
que son urbes flotantes.

El Danubio y el Rin

Maestro de connubio,
pasando por románticas ciudades,
une a nueve naciones el Danubio,
como hizo por edades:

Austria, Hungría, Eslovaquia y Alemania;
Croacia, Bosnia-Ertzegovina, Servia,
Bulgaria; Montenegro más Rumania,
Ucrania y Mecedonia.

Disfrutan de celebridad palmaria
por su arte, su música y su industria,
por igual: Viena, Budapest, Belgrado,
con bagajes de júbilos y angustias
durante su riquísimo pasado.

Estírase el Danubio en un canal
hasta alcanzar el Rin, el más versado
de los ríos en lo internacional,
que limita o que ata a más Estados.

El Rin es borde de Alemania y Francia;
linde es también entre Alemania y Suiza;
y, sin darle importancia,
por los Países Bajos se deliza.
Se une a otros caudales,
recibe varios nombres,
baña grandes ciudades
y enriquece a muchos hombres.

No discrimina entre las alemanas
Bonn, Colonia o Maguncia;
y trata como a hermanas
cuando a sus puertos al pasar se anuncia,
a la Estrasburgo francesa,
la suiza Basilea,
Rotterdan holandesa …
por distinta que sea.

Funciones de los ríos

Son hilos de geográficas costuras:
cosen en islas y en los continentes
con gentes del pasado a las futuras
nutridas por raíces permanentes.

Con patrias y países tejen zonas:
el Orinoco, en Colombia y Venezuela;
en Perú y en Brasil, el Amazonas.
Establece una extraña parentela
el histórico río Putumayo,
en Colombia, Ecuador, Perú y Brasil.

Y, desde Colombia, sin desmayo,
ya sin discordia hostil,
el Paraná aún ata
al Brasil, Argentina y Paraguay;
y, al contribuir al Río de la Plata
con su socio Uruguay,
amarra a la República Oriental.

En el África, el Congo es colosal:
segundo en longitud después del Nilo;
le sigue al Amazonas en caudal
e hilvana a unos países como un hilo.
El Zambezi también une a naciones:
Mozambique, Zambabwe, Zambia, Angola.
Nadie omite al hacer sus descripciones
la cascada Victoria
ni a David Livingston, el misionero,
doctor en medicina, explorador
e incansable guerrero
contra la esclavitud en su furor.

Cada país inmenso ...

Cada país inmenso de la tierra
un gigantesco río
en su interior encierra,
que es fuente de opulencia y regadío.

El del caudal sin par más abultado,
que avena en su sistema grandes zonas,
por siglos explorado,
atraviesa el Brasil, el Amazonas.

El Ganges, de la India, por milenios,
ha estado regalando el sedimento
que es la vida de granjas y de ingenios
y a incontables millones da alimento.

El Volga, en Rusia orgullo nacional,
ya desde la Edad Media una gran vía,
añade hoy más virtud a su caudal
con turbinas de eléctrica energía.

El Yan-Tse, o el "Gran Río" de la China,
que por doce provincias atraviesa
con corriente tranquila o cantarina,
les da a inmensas ciudades su grandeza.
Deja polvo de oro en sus riberas,
es la base de hidráulicos proyectos,
da pábulo a mitos de otras eras
de que el mismo Yan-Tse es el objeto.

El estadounidense más profundo,
más largo y navegable de los ríos,

el Mississippi, sigue sin segundo
para inspirar iniciativa y bríos.

Los millares de ríos nacionales
o comunes en grandes continentes,
engrosados por múltiples canales
y millares de afluentes,
fluyen desde remota antigüedad.
Al mar devuelven agua evaporada
que da a la tierra seca su humedad,
y por gravitación vuelve en bajada.

¿Qué origen tiene ese puntual sistema
que sostiene la vida de ese modo?
Fue en la Mente Suprema
de nuestro Dios, el Creador de todo.

En los lagos

En grandes depresiones de la tierra;
o en cráteres abiertos por la lava;
donde un brazo de mar se corta y cierra;
o donde un río que se ensancha excava,
aparecen los lagos.

De ellos hay millones,
cual gemas en la inmensa geografía;
son incrustaciones
que reflejan la luz que anuncia el día.

Los repletan los ríos
con aguas de otros pagos;
o de los montes fríos,
el deshielo y la nieve;
o napas subterráneas,.
más el agua que llueve.

Los lagos dan reposo a las corrientes
que crean, al salir, nuevas riberas
o tórnanse indolentes:
dan fin a sus carreras.

Superan esas masas
de agua así encerrada en continentes,
por elevadas tasas,
a las de ríos sin cesar corrientes.

Se adornan sus riberas con florestas;
miles de aves e insectos anidan su arboleda;
la gente acude allí para sus fiestas
y una gran fauna a su redor se hospeda.

Pululan dentro peces,
diversos en tamaños y costumbres;
y con sus mil colores, compiten muchas veces
con pájaros que vuelan por las cumbres.

Su superficie llénase de barcos
de quienes van allí tras nuevos ocios
o de los más osados que buscan desembarco
para expandir negocios.

Quien busque variedades sin estragos
de los seres vivientes que pueblan el planeta
los verá prosperar junto a los lagos
si sólo el agua dulce los repleta.

Desde antes que la historia
narraran historiógrafos ilustres,
ciertos lagos guardaban la memoria
de aldehuelas lacustres.

En su fondo picado por pilotes
que sostenían casas
o postizos y útiles islotes,
hay vestigios de piedras, argamasas
y aldeanos con dotes,
disposición y habilidad no escasas.

Aldeas sobre lagos hay aún
do viven asociados pescadores
con barcos en común,
movidos por la fuerza de motores.

Sobre lagos, también hay construcciones
de fábricas, negocios,
recreo y vacaciones:
para trabajo o improductivos ocios.

Los lagos gustan tanto
que el hombre los inventa,
llamándolo adelanto,
cortando por su cuenta
los ríos en sus cursos
al construir represas.

Aumentan los recursos
así de sus empresas:
canales para riego,
cascadas para fuerza
motriz, más luz y fuego;
industrias muy diversas
y su recreación.

Aun en los que satúranse de sal,
sin fuentes de agua fresca,
hay rico mineral
que en su salinidad se pesca.

Los traicionan los ríos y los hombres
que de limo después los dejan llenos,
con otros injuriosos sobrenombres
de barros, fangos, lodos, cienos.

Son mortales los lagos,
pero muy generosos en su herencia:
después de sus estragos,
dejan vegas de fértil existencia.

Hay valles fertilísimos que han hecho,
donde hay hoy vías férreas y caminos,
más rasos que sus lechos:
a nivel impecable, sin empinos.

En sus lechos vacantes hay pasturas
donde pace el ganado,
campiñas de propicia agricultura
o minas de un producto codiciado.

De otros, fueron tristes las secuelas:
se secaron metrópolis vecinas,
con fábricas, y escuelas,
y templos, y oficinas.

Se tornaron algunos en desiertos,
y el arqueólogo busca en sus arenas
vestigios de los muertos
que hace siglos vieron sus playas llenas.

El mayor lago de todos

El mayor de los lagos es tan grande
que toca en su extensión dos continentes,
y acarician sus costas que así expande
siete patrias ahora independientes.

Por eso al lago Caspio llaman mar,
aunque está en tierra firme aprisionado,
pues tiene más recursos para dar
que más de un gran país nación-estado.

Inmensos son sus múltiples recursos
como cientos de especies en redadas
y abundantísimo petróleo crudo,
el bíblico betún …
con que calafacteó muy bien el arca,
allí en sus cercanías,
Noé, el nauta nuevo y fiel patriarca.

Sus muchos puertos que unen grandes vías,
emporios son de industria y de cultura,
geopolítica de claves zonas y bases del destino
y la fortuna de cientos de millones de personas.

Y ese lago gigante es uno solo
de millones que Dios desparramó
por el planeta entre polo y polo
para suplirlo y adornarlo. ¡Oh …!

Los gigantescos Grandes Lagos

El cuerpo de agua dulce más extenso
son los cinco vecinos Grandes Lagos
en el límite inmenso
que separa a dos grandes pueblos anglos.

Más del doble es su espacio que el de Cuba,
casi doble el de Grecia.
Cuanto más hacia al norte alguien suba
entre esos lagos, más grandeza aprecia.

Conectan a ocho Estados de la Unión
con bordes canadienses importantes,
y en su cuenca se cuenta población
de más de tres millones de habitantes.

Y hay comercio, y hay minas, y hay cultivos,
y hay industrias, y escuelas;
y abundan los productos e incentivos
para atraer del mundo más clientelas.

Lago Superior

"Mar de agua dulce," el Lago Superior
es la más honda, y vasta, y la más pura
de las masas del agua de interior
sin la sal que al océano satura.

A tres estados estadounidenses
de labriegos, mineros e industriales
y a una inmensa provincia canadiense,
les da riquezas e influencia iguales.

Calienta los inviernos
y enfría los veranos
en suelos de ambos límites fraternos
de dos países norteramericanos.

Lo guardan bosques más arenas yermas
en contra del turismo,
que a planos congelados o ígneas termas
los contamina como un cataclismo.

Así, allende sus puertos,
son sus medios nativos permanentes.
No admite el Lago Superior desiertos
ni estancia por millones de las gentes.
Casi prístina aún su inmensidad,
sin contaminación
ni el humo ni el smog de la ciudad,
es como Dios planeó su creación.

Lago Hurón

Su hermano, el Lago Hurón, es parecido:
los mismos dos países que confina
se reparten su pródico surtido:
agricultura, pesca, bosques, minas,
con miles de kilómetros de orillas
de playas con blanquísimas arenas
y otras maravillas:

más islas con magníficas escenas
que cualquier otro lago del planeta,
con puertos para botes y vapores;
y el embrujo del lago se completa
con sus puestas de sol multicolores.

Es meca de turistas
que llenan sus hotels y cruceros,
arrobados con vistas
de encantos verdaderos.

Lago Michigan

Continúa con agua limpia y fresca,
rodeado de sus bosques y sus dunas,
muy rico en hierro, cobre, cal y pesca,
el Lago Michigan les dio fortunas
a los que hoy lo embellecen con adornos.

Porque abunda en afluentes, islas, puertos
y bellezas en todos sus contornos,
sus mejores pronósticos son ciertos.

De veraneo vienen los afines
y parientes mamíferos acuáticos:
ballenas y delfines,
exhibiendo espectáculos dramáticos.

Con mejores piruetas que en el mar,
profundas en el lago y más airosas,
junto a barcos que vienen a explorar
recrean a la gente, igual curiosa.

En sus costas que bañan tres estados
inspirados igual por su grandeza;
se destacan allí por todos lados
grandes centros de industria y de riqueza.
Levanta una pared de rascacielos
a la vera del lago
una metrópolis de las modelos
de urbes eficientes, que es Chicago.

Es centro importantísimo Chicago
de fábricas, comercios y finanzas,

todo debido mayormente al lago,
su primera gran vía de mudanzas.

Ombligo es hoy de vías ferroviarias,
con inmenso aeropuerto, ya sin pares.
De todo el mundo, sus visitas diarias
son millares y millares, y millares.

Sus universidades,
puestas en pie sólido y profundo
por sus celebridades,
ejercen gran impacto en todo el mundo.

De un ciento de vecinos pïoneros,
creció Chicago a casi tres millones
acogiendo a inmigrantes extrajeros,
sin discriminaciones.

Se alza en otra orilla
Milwaukee, en Wisconsin, gran ciudad
que es otra maravilla
de tolerancia y gran diversidad.

El lago allí modera los termómetros,
y así un millón y medio de habitantes
cubren costas de quince o más kilómetros
de superficies, en total, gigantes.

Mil empresas allí tienen sus sedes;
del abrigado puerto,
por el mundo industrial extienden redes
sus científicos, técnicos y expertos.

También Gary, en el sur, es principal,
pues distribuye por el mundo entero
productos de importancia capital
como centro de industrias del acero.

A todos, Gary ofrece garantías:
es multicultural.
Allí alternan muy bien las minorías
o razas, géneros … no importa cual.

Lago Erie

Ya no está el Erie entre los lagos sanos;
rodeado está de veintiséis millones
de canadienses y de americanos,
volcadores de contaminaciones:
productos químicos, petróleo, gases,
fertilizantes, brozas, restos: todo.
Con semejantes bases,
"lago muerto" le han dado por apodo.

Para acusar abusos,
se estira denunciante más de un dedo
que culpa por excesos en sus usos
a Cleveland, a Búfalo y a Toledo,
a Lorain y a Detroit …
Menos desmán, del lado canadiense
que explota los deportes y la pesca;
se espera allá que esta elección compense.

Lago Ontario

El menor, Lago Ontario, es alargado:
casi doscientas millas a lo largo.
Aunque fue más extenso en el pasado,
muy grande es, sin embargo,
en sedimentos dejados por afluentes
que en él se han desecado.

Rodéanlo por eso tantas gentes
que a Canadá da el centro más poblado:
Toronto, que a su orilla es una gema
con su selva de casas rascacielos,
la crema de la crema
por la renovación de sus modelos.

Posee el mayor puerto
para barcos de todas las naciones,
el mayor aeropuerto
y la universidad con más opciones.

Es centro ferroviario
y ha construido subterráneos trenes
para el tránsito diario
de gente activa que le crea bienes.

Entre los Grandes Lagos nada más
el Lago Ontario es el menor;
mas en comparación con los demás,
es lago principal: un gran señor.

Lago Titicaca

Compartido también por dos naciones,
en grandísima altura se destaca
con summum de bellezas y atracciones
el límpido Lago Titicaca.

Al Perú y a Bolivia los enlaza
con línea imaginaria en geografía.
Los hace más hermanos que la raza
o su épica común, siempre bravía.

Ha estado sin segundo
allá en el Altiplano por milenios,
siempre el más encumbrado en todo el mundo
de los lagos hallados por ingenios.

Los macisos más altos de Los Andes,
algunos ya canosos por las nieves
y a los cuales envidian cumbres grandes,
son modestos allí con sus relieves
frente al "sagrado" Lago Titicaca.

En él acaban veinticinco ríos
y por sus márgernes, aún enhiestos,
de antiguos y grandiosos señoríos
lo rodean pirámides y restos.
Además de cuarenta y una islas,
los hábiles nativos hacen balsas
donde nadie legisla
para erigir así flotantes casas.

Allí flotan también embarcaciones
que atraviesan la línea divisoria
artificial entre las dos naciones
creada por la historia.

Y de mitos, leyendas, y de historia,
es riquísimo el Lago Titicaca.
Manco Capac, de allí llevó la gloria
del gran imperio incaica
que se extendió desde Colombia a Chile
sobre una franja unida por conquistas.

Por milenios, jamás cesó el desfile
de las añosas pistas
dejadas en sus playas por culturas.

De sus restos de piedra, de oro y plata
más las terrazas de su agricultura,
su gran fasto ni el tiempo lo arrebata.

Viven aún hermosos descendientes
de sus alpacas, llamas y vicuñas
que a igual heroicos tiempos y presentes
rubrican con pezuñas.

Lago Nicaragua o Cocibolca

Como joya entre el Lago Titicaca
y la mayor masa interior de agua,
los cinco Grandes Lagos, se destaca
el Lago Nicaragua.

Su gran área, en el mundo le da lustre
con el décimo puesto entre los lagos.
Encierra la mayor isla lacustre,
la Ometete, con escenarios magos:
un volcán apagado y otro activo
con locas fumarolas
que dejan al turista allí cautivo;
petrogrifos y estatuas en las rocas
que dan fe de culturas del pasado;
espesuras con propia fauna y flora:
bellezas que admirar por todos lados,
que hacen que el día se reduzca a hora.

De islas menores, tiene varios cientos:
muchas con puertos, playas transparentes
y no pocos portentos
también entre sus gentes.

El Lago Nicaragua es tan inmenso
que el apodo "mar dulce" se le presta;
desde un margen, se queda uno en suspenso
sin poder avistar la orilla opuesta.

Lago Maracaibo

Otro lago de América es coloso:
bajo su masa fluida,
de "oro negro" otra masa hay en reposo
que es casi sin medida.

El Lago Maracaibo es lago doble:
una capa de agua no profunda
y un manto formidable, hondo y noble
de petrólero debajo de esa funda.

Es un bosque de torres: muchos miles,
con que extraer petróleo cada día:
¡millones de barriles!.
Al Lago Maracaibo, sin estuarios,
le hace falta remedio con presteza
contra derrames diarios
del oro negro que le da riqueza.

También las aguas negras de ciudades
gastan su oxígeno y lo contaminan.
Entonces mueren plantas y animales,
hay menos riego, y huyen los bañistas.

Del agua del planeta,
el agua dulce es una parte mínima;
y la mitad, en lagos se sujeta
para sostén de toda vida física.

Hay que salvar los lagos
con leyes y con medios,
de fatales estragos
ahora prevenibles con remedios.

De salvar lagos, es capaz la ciencia
con hongos y bacterias
que trueca la genética en agencias
de degradar materias;
inyectando oxígeno con viento,
extrayendo vapores irritantes,
haciendo construcciones de cemento,
disolviendo películas flotantes ...

Lago Victoria

El Victoria, que no es lago profundo
y es un "gigante enfermo,"
de lagos de agua dulce es en el mundo
número dos, y sin paraje yermo.

Mucho mayor que Suiza o Costa Rica,
con orilla aserrada en geografía,
los límites indica
de Kenya, y de Uganda y Tanzanía.

A múltiples millones de africanos,
si da trabajo y recreo, los anima;
y de los tres países que hace hermanos,
con su evaporación, les cambia el clima.

Rodeado está de aldeas y ciudades
y, para su excesiva población,
se cultivan en grandes cantidades
maíz, café, té, azúcar y algodón.

Por eso se halla enfermo hoy el Victoria:
sus afluentes le traen pesticidas
de los valles en larga trayectoria;
y en sus puertos, hay más aguas servidas.
Lo descubrieron devotos misioneros
que allá llegaron para salvar nativos;
y sin querer, a los aventureros
abrieron puertas para sus motivos.

Hay que salvar ahora al lago mismo
para salvar a los que salva el lago,
no sólo ya con cristianismo:
con más trabajo, más salud, más pago.

Tierras Húmedas

Hay muchísimas zonas anegadas
junto a arroyos, lagunas, ríos, lagos,
que son las tierras húmedas pobladas
por especies anfibias de esos pagos.

Son pantanos, bañados, cenegales,
con restos de hojarascas y maderas
ahora descompuestas, minerales
y artefactos de gentes de otras eras.

Tierra Firme

La tierra firme y sólida completa
de la corteza entera
del húmedo planeta
no es su tercio siquiera.

Son islas prisioneras
de aguas encerradas o corrientes
y gigantescas masas unidas en la esfera,
llamadas continentes.

En ella, lo normal son accidentes:
titánicos picachos
y hondonadas al pie de las pendientes;
helados altiplanos
y cálidos desiertos;
paradisíacas praderas
y eriales inciertos
de que retornen nuevas primaveras.

Mas tienen sus oasis los desiertos …
y hasta manantiales;
en las altiplanicies se hacen huertos
y hay parques lujuriosos en eriales.

Toda esa adaptación a la existencia
de mil formas de vida
¿no es acaso evidencia
del poder sin medida
de la divina mano
que hizo nuestra Tierra de la nada?
"No la creó en vano";
su infalible designio: "para ser habitada."

Es la base de cuanto da a la vida
de plantas y animales
toda materia prima y su comida:
sus víveres totales.

Les da fibras, maderas, minerales,
el agua que captura en sus entrañas
y más: las radiaciones colosales
que absorbe en forma extraña.

Asiento es de guaridas o viviendas
y archivo de la historia
de los seres que le han marcado en sendas
de audaces recorridos, su memoria.

La capa transparente
de informes gases en cabal medida,
combina exactamente
todo lo sustancial para la vida.

Tiene el oxígeno que se resuella
más el hidrógeno que el agua integra.
Con el ozono, al firmamento sella
allá en la altísima expansión muy negra
donde los rayos mortíferos se estrellan.

Las ínfimas porciones de otros gases
refinan la biosfera
donde la vida, en incontables clases,
se renueva y prospera.

Completa el trío creador la tierra.
La planta productora,
para saciarse de agua, allí se aferra
porque también hay aire a toda hora.

Los rayos que la atmósfera permite
que transiten por ella
son los benéficos que siempre emite,
para dar vida al mundo, el sol, su estrella.

El astro rey, que es mago sin igual,
en su laboratorio que de día
funciona en cada hoja vegetal,
su propia luz convierte en energía.

Las partes terminales de las plantas
que enverdecen el campo y la espesura,
tan pequeñas y tantas,
ocultan complejísima estructura.

Son instrumentos, máquinas, inventos
del Gran Invencionero
con que hacer alimentos
de las sustancias que creó primero.

Les manda la raíz materia prima:
nutrientes que al follaje
se elevan con el agua hasta la cima,
del suelo de su anclaje.

La raíz, liberal aunque desnuda,
reserva el alimento
que en emergencias dé a la nueva muda
verdor y crecimiento.

La raíz es la dueña, la que instala
toda planta en su sitio permanente,
desde donde regala
flor y fruto a la gente.

También así hay ración para millones
de especies en continua fiesta
por todos los ubérrimos rincones
del prado y la floresta.

La flor, un gran portento
de simetría, de color … fragancia,
es arte con intento
del Gran Diseñador de su elegancia.

Con formas y tamaños por millares,
alfombra la campiña sin trajines
y adorna los hogares
rodeados de jardines.

Es su belleza calculada treta
de la impulsión a la supervivencia.
La bella flor coqueta
solo finge candor y continencia:
consiste en muchos órganos sexuales
de machos y de hembras,
así como en sus primos animales.

Porque son sedentarias en su asiento,
necesitan las flores más agentes,
además de agua y viento,
como seres de reinos diferentes.

Son requiebros su néctar, sus colores,
su forma y su fragancia.
Para flirtear, las flores
presumen con belleza y elegancia.

El pollen del estema
penetra en el pistilo,
donde en un líquido se pega esperma
cuando algún óvulo le brinda asilo.

El fruto que produce así el ovario,
carnoso y suculento,
no es sólo necesario
como sano y riquísimo alimento:
preserva la simiente
que por fecundación fue concebida.
La dispersan el viento, agua corriente,
y pájaros o insectos en su huida.

En grandes cantidades, la semilla,
que puede ser plumosa y ser alada,
va preñada con germen de familia
para parir en tierra aclimatada.

En nueva residencia,
se afinca penetrando una raíz

para olvidarse de su propia ausencia
de otra patria feliz.

Y así repite el ciclo muy astuto:
de la raíz, hasta la opuesta orilla;
de la hoja, a la flor; después, al fruto;
y del fruto, a la grávida semilla.

La selva, el bosque, el monte,
del suelo prisioneros
en un cerco de inmóvil horizonte,
son de listos movientes criaderos.

Sus árboles gigantes
tapan el sol con gajos
y envían sus raíces no elegantes
a explorar y a explotar estratos bajos.

En donde los inviernos son muy largos
y los veranos breves
que invitan a letargos
bajo el manto durable de las nieves,
muy bien prospera la ingeniosa taiga.
Por sus cónicas hojas, como agujas,
hace que la nieve caiga
sin que su peso, verdes ramas cruja.

De un verde oscuro son las hojas cónicas,
siempre cubiertas de impermeable capa.
Con tretas así armónicas,
el agua que retiene no se escapa.

Donde hay más humedad y más calor
y las nubes se vuelcan todo el año,
los árboles ostentan sin pudor
sus verdísimas hojas hasta otoño.

Para entonces les niegan clorofila,
y las pinta un pigmento policromo
de amarillo, de rojo, pardo o lila,
de un modo que Dios solo sabe como.

Mas protegen a enanos
arbustos sin columnas eminentes,
a plantas lujuriosas de pantanos
y a musgos inocentes.

Dan nido a miles de aves,
guarida en donde ocúltense las fieras;
y a criaturas suaves,
ocultas madrigueras.

Retienen fértil suelo de la cuesta
cuando lo atacan turbiones enconados;
o da su sombra protección opuesta
contra el sol a los claros empapados.

Una vez mutilado por la sierra,
del cuerpo del selvático coloso
que era hijo encumbrado de la tierra,
queda el tronco nomás, duro y fibroso.

Sigue siendo importante estando muerto;
como columna, retendrá su oficio

siendo pilar sostenedor de un puerto,
un puente, un edificio.

De sus restos sin paz ni sepultura
que llamamos madera,
gustan mucho su grano y su textura,
su durabilidad y la manera
de brindar su color y su perfume:
primero al que lo tala;
después, al comprador que lo consume
y a los que este regala.

Con su pulpa, fabrícase la hoja
del diario con informe
y el libro que el saber arroja
donde ambiciosa juventud se forme.

Da a la industria tinturas,
azúcares, aceites, medicinas,
celulosas, alcoholes, levaduras,
especias, gomas, plásticos, resinas …

Hacen nidos en él … y madrigueras
las especies salvajes;
y obra su casa el hombre con maderas
desnudas de follajes.

Para simple confort, demarca espacios
con maderamen recio;
mas si erige magníficos palacios,
de lejos lo transporta a cualquier precio.

La armazón de las vigas y puntales
cubierta por paredes y por techos,
pone cara a temibles temporales
y frustra los acechos
de hambrientos animales.

Las tablas dan seguridad al piso:
seco, firme y a nivel;
para más lujos, es también muy liso
cada zócalo y borde que haya en él.

Para cerrar la entrada
del espacio abrigado con madera,
la íntima morada
de la familia entera,
que en castillo infranqueable se convierta,
con un tablón se diseñó la puerta.

Para no divorciarse del ambiente
que se llena de luz cada mañana
con el sol naciente,
se ensambló con tableros la ventana.
Más allá de paredes, bajo techos,
muy protegidos por celosas puertas,
se guardan los desechos;
vivas, las partes muertas
del que en vida silvestre fue un gigante.

Se han convertido en muebles de interior:
escritorio, sofá, bandeja, estante,
cama, sillón, armario, tocador,

mesa, diván, y hasta violín y piano:
todo, del árbol que mató un humano.

Junto a casas hechas con árboles muertos
donde la especie que los tala mora,
hay árboles vivientes … con los gajos abiertos
para darles su sombra protectora.

Son parte de jardines y paisajes.
Como objetos de adornos,
exhiben sus follajes
por todos los contornos.

Decoran parques, calles, bulevares
de opulentas o pobres vecindades;
especies de conductos pulmonares,
purifican el aire en las ciudades.

Generosos, los árboles dan frutas,
los ovarios maduros de sus flores,
deliciosas y astutas,
que tientan con sus formas y colores.
Ofrecen luego perfumes, vitaminas,
azúcares, y jugos, y sabores,
sustentos, medicinas.

Desparraman así de sus semillas,
que de la planta empacan toda esencia,
la maravilla de las maravillas
de la supervivencia.

Sus inframicroscópicos diseños
--¡nonatecnología creadora!--,
nunca visibles por ser tan pequeños,
siempre se autoejecutan a su hora:
del árbol a la fruta;
de esta, a la simiente
que en árbol se transmuta,
también frutal, maravillosamente.
Que "produzca la tierra árbol de fruto"
con semilla tan fiel que no varía
ni el mínimo atributo
--mandó así el Creador al tercer día.

Eras después, con árboles frutales
surtió Dios a la Tierra Prometida:
de la vid y el granado, la higuera y el olivo,
jugos, aceite, miel y mejor vida.

Las uvas de la mesa
o sus jugos, y sus dulces, y sus pasas
gustaban en la Tierra de Promesa,
ya en permanentes casas.

Las usó como símbolos sagrados
Jesucristo, "el Hijo de David,"
quien libaba con otros invitados
del zumo de la vid.

A sus discípulos acongojados,
en su final y emocionante arenga,
prometió beber con ellos

del zumo de la vid
de nuevo "cuando el reino de Dios venga."

Dijo también que como vid es él
y como pámpano sus seguidores
en su feraz vergel.

Reposaba a la sombra de su higuera
quien viviese seguro,
saboreando sus higos libre afuera
sin miedo y sin apuro.

El árbol cuya hoja vistió a Eva,
que provee azúcar, calcio y cobre,
con su temprana breva
y su copa que es techo para el pobre,
prueba que Dios auxilia en toda hora.

Con muestras de granadas,
probaron los espías las riquezas
de las nuevas moradas
de Israel, ya abrumado de pobrezas.

Pintó granadas en las balaustradas
del templo, Salomón;
y en su bello Cantar de los Cantares,
describe un bello rasgo de la amada:
"mejillas como cachos de Granada."

Decorativo arbusto es el granado,
con bellísimas flores;
y en compartimentos separados

da la fruta, además de sus colores,
a la mesa ensaladas y bebidas;
y con su piel coreosa,
se curten bien los cueros para bridas
del airoso caballo y la carrosa.

Con la vid y la higuera simboliza
la granada las dádivas de Dios:
que siempre su promesa se realiza
si se acata su voz.

Restituirá en el Nuevo Edén la entrada
del ser humano al árbol de la vida,
del cual coma su fruto y así añada
la eternidad a gloria sin medida.

Para colmar predilección y gusto,
con columnas de árboles contrasta
la modesta estatura del arbusto.
Nunca inserta sus ramas en un asta;
las lanza de su base
para formar especies de sombrillas
y, aunque ninguna elevación rebase,
compite con jardines y gavillas.
¡Cuánto da de color y de perfume
cada flor de la hortensia y el rosal,
la lila y el laurel cuando presume
su elegancia el arbusto ornamental!
¡Y con qué gusto con su baya bella,
al paladar halagan la frambuesa,
la zarza mora y la grosella;
y la vid, con racimos, a la mesa!

Con los árboles altos, los enanos
arbustos sirven juntos en cercados,
unidos como hermanos.
Ya en campos, ya en poblados,
los límites demarcan de parcelas
o bordean caminos:
refuerzan de heredades las tutelas
y a las casas protegen con espinos.

No se conforman con marcar contornos
solo en fila tomados de las ramas:
se yerguen como adornos
al formar armoniosas amalgamas.

No hay discriminación contra el ligustro
del haya, la camelia ni el olivo
por ser altos; ni por beldad y lustro,
de la azalea ni el rosal altivo.
Allí donde los climas son inciertos
y las tierras mezquinas,
como ocurre en los cerros y desiertos,
se guardan los arbustos con espinas;
mas producen especias culinarias
que llevan buen sabor a las cocinas,
y aceites finos con esencias varias.

Aquella "zarza ardiente"era un abusto,
junto a la cual Moisés oyó una voz;
y fue ese arbusto el mas augusto arbusto
poque la voz era la voz de Dios.

Y hay siempre voz de Dios en cada mata
para el oído a tono con la fe,
y la imagen de Dios también retrata
para el ojo creyente que la ve.

Aun en la campaña abandonada
que invaden lujuriosos matorrales,
erigen su morada
medrosos e inventivos animales.

Se recogen por toda la espesura
en cuevas, madrigueras o guaridas
y en nidos de su hechura
con furtivas entradas y salidas.
Son esas construcciones escondrijos
donde empollar sus huevos
o dar a luz a hijos,
los individuos que serán los nuevos
herederos de términos incultos.
Allí edificarán nuevas trincheras
y mogotes donde vivir ocultos
de los seres humanos y las fieras.

Mas ni siquiera un solo pajarillo
de los que Dios solícito alimenta
cae aparentemente sin auxilio
sin que el Creador lo tome en cuenta.

Los pastos

De los verdes laboratorios vivos,
son modestos los más fundamentales,
objetos de cultivos
o silvestres en latos pastizales.

Son gramíneas o pastos que, en praderas,
sabanas, pampas, estepas y llanuras,
prosperan en secanos o riberas
sin aspirar a alturas.

Entre ellos, el trigo y el arroz,
el maíz, la cebada y el centeno,
la caña del azúcar y la avena … :
lo mejor de lo bueno
que una despensa llena.

También son las pasturas de las bestias
que se ganan la vida sin pastor
ni ocasionar molestias
a individuos de especie superior;
o adornan los jardines
siendo césped postizo y afeitado:
carpeta pisoteada por trajines
o un marco verde donde no hay vallado.
El prado o pastoreo de la Pampa
verdea permanente:
si hay "seca," o inundación, o cuando escampa,
si hay nieve o sol caliente.

En el Trópico, es alta en la sabana
la hierba que al venir la estación seca,

ya sin el aguacero que empantana,
resiste la sequía, o al sol se quema.

Mas si la incendia, el sol le hace gran bien
pues torna sus cenizas en abono:
reinicia su sostén
con el metamorfósico carbono.

El pasto ya reseco se consume
como vulgar forraje;
pero produce aceites y perfumes,
remedios o brebajes.

El Creador, quien hace que los montes
se enverdezcan con hierbas,
de verde adorna igual los horizontes,
y da al hombre la hierba como sierva.

Del trigo sale "el pan de cada día"
que al mundo entero da sustento y gozo,
sea la atmósfera fría,
sea el clima caluroso.

Era "tierra de trigo" Canaán,
y ya la almacenaban bien en silo
coetáneos de Abrahán
de la tierra regada por el Nilo.

Medio mundo reclama pan de trigo;
el resto, arroz cocido.
Las muchedumbres del Lejano Oriente
conservan su surtido

sin pasarlo por máquina moliente:
su arroz se come entero,
sin torturarlo entre dos piedras duras
o rodillos de acero,
ni con fermentos de las levaduras.

Es nativo de América el maíz,
como indios del Nuevo Continente,
mas con destino más feliz:
se propagó por todo el Occidente.

Su aplicación modesta de forraje
con granos, tallo y hojas,
no degrada su rango en el follaje:
son ricas sus panojas.

Se hace mucho manjar con sus harinas,
le destilan alcoholes,
aceites, proteínas … :
¡sus propiedades llenan largos roles!

En las inmensas selvas y arboledas,
alternan árboles, arbustos, hierbas,
escondrijos, veredas
y un fantástico acopio de reservas,

penerables nomás por animales
que allí esconden sus nidos o guaridas
entre ramas o espesos pastizales.

Selvas y bosques prodigiosos

Mayores entre las grandiosidades
de gigantes, titanes y colosos
con sus sublimidades,
son las selvas y bosques prodigiosos.

Cubren inmensas áreas,
y al medir cuanto invaden sus raíces,
son miles de millones las hectáreas:
superficies mayores que países.

Hay selvas vírgenes que a la conquista
sus secretos no dejan explorar
al atajar la vista:
no las penetra ni la luz solar.

Ocultan sus misterios
a la curiosidad
y a los rastreos serios
de las ciencias y de la autoridad.

Encierran lagos, charcas y lagunas
con especies aún desconocidas.
Así no nutren famas ni fortunas
de exploradores: quedan escondidas.
Otros seres aun no clasificados,
sin salir de la selva hacen sus cuevas,
guaridas, madrigueras, nidos, cados,
sin revelarse como estirpes nuevas.

Se asocian en cardumen y dan guerra,
o enjambres o bandadas por el cielo,

jaurías o manadas sobre tierra,
galerías y minas bajo suelo.

Vuelve la selva si alquien la ha quemado
o si la arrasa maquinaria extraña,
la devasta un tornado
o le devora el comején la entraña.

Si no, tanto perjuicio se aproxima
que la reponen grandes plantaciones,
pues va cambiando el clima
y el aire contamina los pulmones.

Hacen falta maderas y resinas,
residuos descompuestos para abono,
más frutas, clorofila y medicinas.
Ya abunda por demás el gas carbono.

Solas, sin voluntad ni movimiento
donde las dejan fijas,
su propia química les da el sustento;
y sus raíces, hijas.

Seres móviles con actos volitivos

En la selva, en hermético hospedaje,
se trasladan por actos volitivos,
sumidos en follaje,
animals con fines y motivos.

Son gigantes o enanos,
desde las sabandijas diminutas
hasta el behemón de selvas y de llanos,
¿tal vez el dinosaurio de disputas?

¿Conserva Job de él fresca memoria,
o merodeaba aún
después de haber historia
en hábitat común,
para que en "hierba ... como el buey" encuentre
"su fuerza de los lomos"
y "vigor [para] músculos del vientre,"
más "huesos como bronce"
de "miembros como barras de hïerro"?

¿Sembraba aún entonces,
con su grandor, aterro?

Quien diseñó la gran diversidad
de especies animales,
les calma con amor y saciedad
sus sui generis gritos no verbales.

Cuando su creación toda lo alaba,
le entiende su loor
sin voz, y sin lenguaje, y sin palabras
¿quién sabe con qué amor?

Hasta escucha al "polluelo cuando clama"
y sabe cuando muere un pajarillo.
Con múltiples instintos, amalgama
la hermosa forma, y el color, y el brillo.

Los de alas no esconden su belleza;
los de patas despejan mil senderos;
los reptiles habitan la maleza--
todos libres: no existen prisioneros.

Muchos ven lo que al hombre opone un velo;
y no pocos, aun en noche oscura;
pueden oir por vibración del suelo
o en frecuencia subsónica muy pura.

Se orientan en su ambiente por olores;
y oliendo, reconocen a otros seres.
Hasta emiten mensajes sin errores
con esencias de químicos poderes.

Otros andan con brújulas congénitas
y un sentido magnético
para muy largas migratorias hégiras
desde la Antártida hasta el sur de México.

Así vuelven al nido o madriguera,
sin mapas y sin guías,
después de rebuscar por dondequiera
buena pesca o una caza para crías.

Con técnicas innatas,
eligen material en la espesura,

que recogen sin compra ni contratas,
para su programada arquitectura.

En el muy libre natural mercado,
se sirven de las frutas, de los granos,
las verduras, la carne y el pescado
sin permisos humanos.

Refuerzan sus paredes y puntales
con varas, pajas, lodo y secreciones;
luego orientan por puntos cardinales
la entrada a sus mansiones.

Si encuentran en la playa su comida,
le quitan ciertos monos toda arena
lavándola en la orilla o la crecida
para que quede buena.

Si ven miel en colmena o camoatí,
la roban desde lejos y sin ruido
con un palo que encuentren por allí;
o sacan comejenes de su nido
con alguna varita que han pulido.

Para romper y saborear las nueces,
ciertos cuervos las ponen en caminos
en donde las aplastan ciertas veces
las ruedas de los carros de vecinos.

Abren muy bien almejas,
tirándolas de arriba sobre rocas

que sirven de bandejas
para esas aves locas.

Hay aves que hacen mazos
con piedras en el pico, como cruz,
y rompen a pedrazos
los huevos que les gustan de avestruz.

Otros pájaros pescan con carnada
que atraen a los peces:
son trocitos de alguna rebanada
de pan que ya ha rodado algunas veces.

¡Cuán previsores, ciertos animales!
En verano almacenan alimento
contra las intemperies invernales.

Después, recuerdan dónde. ¡Qué portento!
¿Quién les ha programado tanto invento?

No actúan como simples mecanismos
por aire, tierra o mar,
en alturas, planicies o en abismos:
no son los resultados del azar.

Reconocen perfumes y colores,
sonidos, formas y lugares,
orientación, sabores,
a extraños y a sus pares.
En hábitat salvajes,
forman comunidades coherentes
y emprenden fabulosos viajes

en masas diferentes:
manadas o majadas,
en enjambres, cardúmenes o hiatos,
rebaños, o jaurías, o bandadas.

¿Quién los informa o guía
si emprenden migración
o da de ir y regresar el día
y apunta dirección?

¿Qué pasa cuando expresan su tristeza,
su alegría o su afecto,
miedo, susto o sorpresa?
¿Qué les provoca un emotivo efecto?

Si apenas son robots con sus instintos,
¿de dónde esos misterios para ciencia;
de quién son los modelos tan distintos;
de qué Programador, la inteligencia?

¿Es el hombre no más el ser pensante
de entre tantas miríadas de seres,
que prevé y anticipa qué hay delante
y es consciente de intrínsecos poderes?
¿Nada mas se deleita una persona?
¿Ninguno mas hay que ama de verdad
y aprecia, y agradece, y se emociona?
¿Por qué el apego y la fidelidad
en el irracional se perfecciona?

¿Por qué al dueño invidente guía sin yerro,
o heroico hasta la vida sacrifica

por un amigo el perro,
y cómo identifica?

¿Por qué para el trabajo o diversiones,
mas dócil que un vasallo
de su amo, en todas ocasiones,
sométese el caballo?

¿Cómo recuerda el hogareño ambiente,
cuando retorna, el pájaro escapado
para obtener de nuevo de su gente
solícito cuidado?

De miembros, y de ojos, y de oídos,
funcionan animales entrenados
que llevan a impedidos
sin guías ni criados.

La gente solitaria
sin el aliento de un amor humano,
jamás se siente paria
si tiene siempre un animal cercano.

A todo hogar da un animal gran dosis
de afecto, sin reclamo,
aun en la antitética simbiosis
de un bruto manso y un indócil amo.

Amo del mundo, el ser humano

Sobre todos los seres del planeta:
las plantas con sus perfumadas flores
y suculentas frutas: la carpeta
que decora la tierra en mil colores;

mas los seres vivientes animales
que se arrastran, caminan, vuelan, nadan;
y riquísimas masas minerales
de rocas que se extraen o se horadan:
en absoluto, todo en este mundo
puso Jehová bajo el control del hombre.

Que a lo alto, lo bajo y lo profundo,
como señor, Adán les diera nombre.

Para nombrarlos, lo dotó de idioma:
con símbolos de ideas y de eventos,
imágenes mentales de las cosas,
conceptos, pensamientos.

En eso es una imagen del Creador,
semejante en su esencia espiritual,
también padre y autor
de lo útil, lo bello, lo ideal.
La mayor facultad de la corona
de todo lo creado
como es el ser humano, una persona,
es la de hablar con Dios desde su estado.

Y hablar con él implica oir primero
su voz en la conciencia

y responder después: "Señor, yo quiero
seguir toda mi vida en tu presencia."

En idioma aprendido en el Edén,
proyectose la Torre de Babel;
y al hablar otra lengua cada quien,
se hizo extranjero todo el valle aquel.

Salió la multitud tras patrias nuevas,
distintas de la Tierra de Sinar,
donde trocar en casas muchas cuevas
o hacer tiendas de cuero; por eso, fue a matar.

Así actuaban los hijos de Caín,
asesino de Abel,
buscadores de guerra y de botín
con ímpetu cruel.

Abundaban también hijos de Dios
entre la gente desde allí esparcida
para acatar su voz:
ir y multiplicarse sin medida
y así llenar el globo despoblado
con género sapiente
para regir el mundo que le ha dado
el Creador que lo nombró su agente.

Señor del mudo

Descubre el ser humano realidades
que le pueden servir como instrumentos,
suplir necesidades
y dar materia prima a sus inventos.

Con el cuerpo al principio solo ha ido
rodeado de sustancias
en que captó con físicos sentidos
las formas y distancias.

Le llenaba la activa luz la vista
con colores, tamaños y apariencias
cuando, al pasar revista,
las cosas le insinuaban sus esencias.

Tocaba en los adornos sobre el suelo,
dureza en las concéntricas cortezas;
en los pétalos, seda y terciopelo;
y en los detalles, funcionales piezas.

Las brisas no veía,
mas su frescura siempre al alborear
y su tibieza luego al mediodía,
gestaban bienestar.
Le daban las sustancias
hedores con aviso y prevenciones
o efluvios deleitosos con fragancias:
¡todas, benéficas emanaciones!

Desde el éter, llegaban vibraciones
por complejo conducto a los oídos,

receptores de música y canciones
o sonido inarmónico en los ruidos.

Bien saborea el paladar la miel,
y rechaza lo amargo;
mas la sal del mar y de la piel,
y hasta el ácido jugo del limón,
acepta sin embargo.

Todo eso informa al cuerpo en sensaciones,
reacciones nada más de algún sentido
que excitan muestras físicas funciones
de gusto, olfato, tacto, vista, oído.

Más que carne, sangre, nervios, huesos
--partes comunes a los seres vivos--,
el ser humano tiene adentro impresos
no físicos principios exclusivos.

Es cuerpo más espíritu más alma.
El primero, del polvo de la tierra,
de elementos de química amalgama,
se tornará en polvo como era.

Mas el cuerpo es portento, maravilla,
prodigio: el gran milagro creador
que obraron en la arcilla
la omnipotencia divina y el amor.

El cerebro, en un cofre hecho de huesos,
es centro de equilibrio y movimiento

más dos vitales físicos procesos:
circulación y aliento.

Pero es también asiento
de la razón, el habla, la memoria,
la inteligencia y el entendimiento:
imágenes de Dios para su gloria.

Da valor, y valer, y validez
a objetivas, visibles, realidades
de espacio y solidez.

Da valía a certezas en verdades,
a la moralidad en lo que es bueno,
la estética en lo hermoso
y la justicia en miramiento ajeno:
su aspecto spiritual, el más valioso.

De todo lo que existe, inquiere causas,
y descubre que él mismo es un efecto.
Cuando busca la Causa de las causas,
se enciende luz divina en su intelecto.

Todo expresa en palabras poderosas
con que, después de describir esencias,
da nombres a personas y las cosas
con verbo igual al que les dio existencia.

En el principio, solo había el Verbo;
y el Verbo era Dios
que todo lo creó su sola voz:
"El dijo: sea la luz; y fue la luz …

Y después dijo Dios … :
Haya expansión … que júntense las aguas …
descúbrase lo seco ….."
Cuando mandó esa orden con un trueno,
surgieron mar y tierra como un eco,
"y vio Dios que era bueno."
Y bueno fue también el don del habla
con que en su Imagen, dio a seres humanos.
Estos con él, los vínculos entablan
con el mismo Hacedor y sus hermanos.

Con símbolo y sonido en la palabra,
se forman moldes de significado
que el intelecto abra
si quiere rotular lo que ha encontrado.

Describe tiempo, espacio y movimiento,
profundidad, anchura, longitud,
cantidades en cifras de su invento
y humanas cualidades con virtud.

Al Ser Supremo, le habla en oración
con voz muda del solo pensamiento
o en clamor inflamado de emoción
con son vibrante y ardoroso aliento.

Y en su idioma del decir genuino
recibe la respuesta,
muy apacible o en un torberllino,
del Salvador que a socorrer se apresta.

Poder hablar al propio corazón,
a los demás y a la Divinidad
es don supremo de la creación:
el rasgo excelso de la humanidad.

Todo eso hace del cuerpo un templo santo
donde reside el Espíritu de Dios,
la facultad espiritual de cuanto
noble y sublime vaya el hombre en pos.

Y mucho más aún:
es donde a la intuición y a la conciencia
se comunica la Deidad, según
cual sea hacia el destino la tendencia.

Allí también es donde,
con reverencia y sumisión entera,
el alma le responde
con prontitud, sin dilatar espera.

Relación con sus prójimos

El hombre, por designio, un ser gregario,
se asocia con osados semejantes
en un esfuerzo diario
de avanzar a los lados y adelante.

Con las rocas, la tierra, las maderas
y su afán inventivo,
por los valles, riberas y laderas
van dejando estructuras y cultivos.

Fundan pueblos con miles de familias
para vivir seguros.
Convierten en metrópolis sus villas,
rodeadas de vallados o de muros.

Las grandes urbes con palacios, templos
y calles, avenidas, paseos, bulevares,
con fábricas, comercios ... son ejemplos
de como se engrandecen con cosas los lugares.

Mas lo supremo aquí es la inteligencia
con que Dios ha dotado más bien al ser humano
que inventó matemáticas y ciencia
para ampliar su poder del cerebro y la mano.
Penetró el interior de la materia:
violó la intimidad de su estructura,
rompió su periferia.
¡La descubrió muy bella, muy ordenada y pura!

Es autor de artificios, motores e instrumentos
para así transmontar limitaciones

que circunscriben sus conocimientos
al convertir sus sueños en acciones.

Por eso ha ido lejos: muy ancho, alto y hondo.
Ha explorado el espacio,
ha sondeado los mares y bajado a su fondo ...
mas le parece poco, y que anda despacio.

Recurre a bellas artes

Recurre el ser humano a bellas artes:
así idealiza material, o idea,
o sonido, en todo o en sus partes,
en las obras estéticas que crea.

Lo que le inspira es la naturaleza
de la que es Causa el Ser Supremo.
quien todo lo decora con belleza
lo cual nos asombra en este mundo pleno.

Si es arquitecto, encierra nuevo ambiente
con piedra, con madera o algún compuesto
de algo ya existente
que es básico elemento o simple resto.

Cuanto más use de lo ya creado,
será mejor artista:
le añadirá mayor significado
a lo que el sabio observador avista.

Si de tres dimensiones es maestro,
carva todo el exceso de materia
para esculpir muy diestro
figuras de riqueza o de miseria.
En minuta medalla o en coloso,
funde o agrega material inerte,
dormido y en reposo,
que en algo casi vivo se convierte.

Con objetos que hicieron artesanos
sin alarde de genio ni talentos,

coordinados ahora por sus manos,
hace estatuas, modelos, monumentos.

Si en planos pinta líneas y colores
para copiar la realidad que admira
o algo ideal, perfecto, sin errores,
no pincela mentira:
lo verdadero existe en derredores;
lo que imagina, en porvenir respira.

Para sublimar las realidades
de pena o de alegría
y revelar bellezas y verdades,
recurre el alma al don de la poesía
en frases con medidas,
llenas de imágenes, ritmo y cadencia.
Reavívanse virtudes reprimidas
y despierta, si duerme, la inocencia.

Mediante el corazón,
oráculos de Dios que son poesías
penetran la razón
en voces de Ezequiel, de Jeremías,
de David, de Salomón, de Job y de Isaías,
o en el Magnificat en que María
da gloria a Dios en su Visitación.

Por música o la voz
en artístico arreglo de sonidos
para dar culto a Dios,
nuestra oración le alcanza los oídos.

En la entraña de la tierra

La entraña de la tierra es un gran vientre
preñada con metales
que enriquecen a quienes los encuentren
durmiendo en yacimientos minerales.

Aun en los abismos de los mares
están multimetálicos depósitos
por someterse a azares
o a exploración con cálculo y propósitos.

Los metales

Esperando las grúas de unos barcos
o carros submarinos,
yacen el zinc, el cobre, el plomo, el oro
que en sus manufacturas de destinos,
después de ser pesados para aforo,
se fundirán como la plata, el bario,
manganeso y cobalto
para industrial proceso
en un enorme utilitario asalto.

En toda herramienta o instrumento,
maquinaria o estructura,
transportación, trabajo o nuevo invento,
siempre un metal figura.

De metal son los barcos, los aviones,
los autos y los trenes con sus vías;
y techos y portones
que los guardan de hurtos y averías.

El hierro, maleable, blanco y dúctil,
magnético y amigo de aleaciones,
ya inmensamente útil,
sométese a un sin fin de alteraciones
por átomo de otros elementos.
Su principal fusión es el acero
que es la base de innúmeros inventos
y aplicaciones por el mundo entero.

Ha sido símbolo de reciedumbre:
miembros de monstrous, "cual barras de hierro";
quien quiere dominar la muchedumbre,
va "con vara de hierro."

Lo más valioso de cualquier tesoro
de joyas y dinero,
por milenios, ha sido siempre el oro,
de todos los metales, el primero.

Porque es dúctil y hermoso
que nunca se corrompe ni se empaña,
se da su nombre al corazón virtuoso
que es íntegro y veraz: jamás engaña.

Quien guarde sus caminos y pisadas,
cuando Dios examine su pasado
con salidas y entradas,
"como el oro," saldrá purificado.

La plata, en su estado natural,
suele encontrarse en bloques
ya en su forma final
con que hacer mil objetos o retoques.

Valor le da por peso una balanza
en masa todavía;
o, en moldes transformada, se la lanza
en monedas de artificial valía.

De plata, hay joyas, y copas, y utensillos,
y trompetas que anuncian esplendores,
y espejos que reflejan luz y brillos.

Como oro y servidores,
revela las riquezas.
Simboliza como el Señor nos trata
al depurar de nuestro ser flaquezas:
"como se afina plata."

Del rojo claro cobre se hacen tubos,
alambre, arandelas,
chapas, calderas, máquinas y cubos
que suplen variadísimas clientelas.

Enriquécese el cobre
para crear valiosos materiales
con su cuerpo más pobre,
al alearse muy bien a otros metales.

El cobre y el estaño
son padres del primero de los bronces,
en un connubio extraño
que ha imitado la industria desde entonces.

Aleado con el zinc, da los latones;
en trío con el níquel, da la alpaca.
Aumenta así sus valoraciones,
pues remeda la plata.

De bronce son cañones de batallas,
campanas, y clarines, y trompetas,
monedas y medallas …
y a eso llaman "bronce" los poetas.

Si se pule, reluce como el oro;
en vasos, y en estatuas, y esculturas,
no admite corrupción ni deterioro …
ni en joyas, ni instrumentos, ni esculturas.

Materiales no metálicos

La copiosa corteza de la Tierra,
por milenios, prensó madera y plantas
con que inventó el carbón que aún encierra.
Son sus aplicaciones tantas
que impulsan muchísimos progresos.
Su combustible acorta los inviernos;
gracias a él, por industrial procesos,
hay adelantamientos muy modernos.

Al consumirse, funde los metales
con una lumbre loca
para crear lingotes o cristales
al separarlos de la estéril roca.

Rica fuente es de inmensos beneficios
para artes, industrias y culturas,
o fábricas, comercios o servicios,
con explosivos, plásticos, tinturas,
pesticides, aceites, medicinas
y gases para granjas y cocinas.

Tan purificador es el carbón
que simbolizó la puridad,
por gracia y por perdón,
de un profeta en temprana mocedad.
Un carbón encendido
santificó los labios de Isaías,
el más grande profeta que ha existido,
para una vocación de largos días.

Por más de medio siglo, abiertamente,
con muy ciertas, sublimes profecías
y un ardor elocuente,
describió dos venidas del Mesías.

Muy adentro en la Tierra o a flor de suelo,
hay ingentes depósitos del líquido
que da poder sin paralelo
tanto en order industrial como político:
el petróleo, que es sangre de la industria
y riqueza de estériles desiertos
o reinos o repúblicas
que lo explotan muy hondo o a cielo abierto.

Más aún que el petróleo y el carbón,
da luz, y da calor, y cambia climas
mucho gas natural que, a profusión,
también da a químicos materias primas.

Las subterráneas químicas sustancias
de compuestos y mezclas de elementos,
portentos de estructuras y elegancias,
desafían recuentos.

Tórnase ubérrima la agricultura
si hay fertilizantes en la tierra
y si a las plantas cura
un pesticida que a parásitos da guerra.

A tintas, da la química colores;
da perfume a todos los afeites
y a manjares, sabores:
¡le deben tres sentidos sus deleites!

Grandes remedios da a la medicina;
es decir, a la vida,
que es la sublime creación divina.
Nada puede alcanzar mayor medida.

También del suelo sale el material
para rodear a hogares con orgullo:
piedra acentada con arena y cal,
o con yeso, o cemento y pedregullo.

Hasta hay piedras preciosas:
raras, duras, duraderas, resistentes
y, sobre todo, hermosas,
brillantes, transparentes.

Adornan las coronas de monarcas
y embellecen a templos y palacios;
son tesoros que, en opulentas arcas,
se ocultan bien en ínfimos espacios.

Es rey de los cristales el diamante.
Muy bella es la esmeralda
con su verde brillante.
Palidece, en contraste, la guirnalda
con el desfile brioso de las gemas:

el rubí cristalino y tricolor
en ejes de relojes y diademas,
o el ardiente color
de piedras transparentes
como el safiro azul y, del berilo,
aun las aguamarinas más corrientes
y el topacio amarillo.

Un evidente intento

Consiste el mundo en un sin fin de seres,
los microscópicos o colosales,
los inertes o con poderes,
diferentes o iguales.

No hay inventario que compute entera
la vastedad de la naturaleza
por toda nuestra esfera,
pletórica de asombros y belleza.

¡Qué misterio insondable es la existencia,
tan solamente el existir en sí!
Cada cosa o su esencia,
¿cómo está aquí?¿Por quién? ¿Por qué es así?

¿Por qué viene empacada
propia virtualidad en cada ente?
¿Por qué no existe nada
sin rasgo fisonómico inherente?

En su naturaleza, cada cosa
trae finalidad
y toda una estructura misteriosa
con su significado y realidad.
Todo con orden, según leyes fijas
para cumplir funciones,
unas caóticas y otras prolijas
bien coordinadas por interacciones.

¿Qué origen tiene ese evidente intento?
Si los seres del mundo son efectos,
¿cuáles son, pues, su causa y fundamento,
directos o indirectos?

La humanidad está hoy aquí intrigada,
mas ¿quién o quiénes han vivido antes
de que existiera nada
de las esencias de hoy tan elegantes?

Todo orden coherente,
finalidad, propósito e intento
presupone un agente
capaz de ejecutar un pensamiento.

Cada específica función
implica alguna mente sin afin
que ejerza inteligente decisión
de elegir cualidades para un fin.

Continúa el ser humano

Sigue el hombre sus trillos y caminos
para ver qué hay detrás de los collados,
más allá de los ríos, de vecinos … :
va hacia atrás, adelante, a los costados.

Sale en busca de espacio y materiales
para paredes y techo,
más alimentos, agua y animales
que le den paz, seguridad, provecho.

Sus senderos se toman carreteras
cuando aumenta su prole en sus cabañas.
Derriba las barreras
de las selvas, los ríos, las montañas.

Abre paso de acceso en la espesura,
tiende puentes sobre aguas correntosas
y túneles horada si hay altura
cuando va tras congéneres y cosas.

Esas vías y atajos se hacen ruta
y sus bestias, que advierte inteligentes
y con más resistencia y fuerza bruta,
le cargan cuanto trueca con las gentes.
Forja después palancas, ejes, ruedas,
artefactos, carretas y carruajes,
y mapas, y escrituras, y monedas,
y portazgos, y fletes, y pasajes.

Los clientes que descubre de improvisto
le cambian lo que lleva por sus frutos
u objetos de arte que jamás ha visto,
y le sorprenden con su sal de astutos.

También ellos salieron a explorar
por pistas y veredas de su hechura
con centro en su lugar,
y hallaron a otros pueblos por la anchura.

Descubre así quien sale por el mundo
que hay gente de otro aspecto, de otras razas,
con un apego igual y amor profundo
por el terruño donde están sus casas.

Los caminos enlazan a las huestes
de razas amarillas, negras, blancas,
del Sur o Norte, del Oeste o Este:
algunas sibilinas; otras, francas.

Por fin, todas comparten sus expertos
para ascender paradas cordilleras
o atravesar desiertos,
traspasando políticas fronteras.

Se trasladan en carros de metales
movidos por motores
que reemplazan la fuerza de animales.
Los inventaron autopropulsores.

Con celeridad de "hachas encendidas",
devoran las distancias entre cabos
donde nacen y mueren avenidas
o extremos de trayectos dilatados.

Se propagan las cintas de cemento
como raíces por el mundo entero,
que a la hora convierten en momento
y a millares de millas quitan ceros.

Se hace explorable el globo así encogido
que en menos tiempo muestra más grandeza:
sus relieves, colores, luz, sonido:
vida y misterio en la naturaleza.

Tiende también líneas paralelas
de acero inoxidable
por campos desparejos que nivela,
sabre el agua inestable,
o penetrando entrañas
de selvas defendidas par sus fieras,
de cerros elevados, o montañas,
o por planas pacíficas riberas.

Sobre esos rieles de la férrea vía
disparan trenes como proyectiles.
Así atropellan toda geografía   .
los ferrocarriles.

Sus vagones transportan plenitudes:
bestias, productos, encomiendas, cargas;
sus coches, multitudes,
cambiantes siempre en trayectorias largas.

De sus proximidades conocidas,
en autos y trenes se va lejos,
descubriendo otros seres, otras vidas:
más grandes, intrigantes y complejos.

¡Qué maravillas son las cordilleras
con su grandiosidad,
y qué portento empieza en las riberas:
la infinitud del mar!

Formidables peñascos son pilares
que marcan abismales precipicios;
más hondura hay en fosas de esos mares
que elevación hay en contiguos picos.

Sobre esos riscos adonde nadie sube,
las águilas y el cóndor hacen nidos
y juegan con las nubes
en danzas poderosas sin sonidos.

En el fondo oscurísimo de océanos
bajo grandes distancias verticales
y pesantez de agua, en el ciénago
hay plantas y animales.

Allá donde la luz jamás alcanza,
los seres abismales son sin ojos,
mas hallan toda orgánica pitanza
de frígidos despojos.

Las dos inmensidades
de cimas y de abismos,
como otras misteriosas realidades
del mundo físico y nosotros mismos:
los sólidos, los líquidos, los gases
en espacio que llenan de portento,
y la mente sin materiales bases:
los sueños, la razón y el pensamiento
que deleitan o afligen
guardando el gran arcano de su origen.

¿Que en el cosmos pequeña es nuestra Tierra?
Alguien que en su diminutez se aferra
no piensa en sus océanos que aterran
con mares adyecentes, golfos, playas,
bahías, cabos, puertos y canales,
archipiélagos, islas y corrientes,
su flora y fauna prodigiosas, sales …
que pueden sostener seres vivientes.

Se ha olvidado también de los desiertos
de casi inextinguible vastedad,
donde ingentes recursos hay cubiertos
de hielo o de quemante sequedad,
o de ríos que fluyen incesantes

regando los países
donde sus muy patriotas habitantes,
llamándose naciones con raíces,
organizan políticos estados
con límites cerrados.

No ha pensado en las selvas como mares,
también inmensidades,
que de verde decoran a millares
de millones de millas desde edades.

Sus árboles se yerguen colosales,
triunfantes sabre el medio;
eso, en miles de especies, con las cuales
impenetrable tórnase su predio.

Pulula allí la vida, con sonidos
de plantas y animales
con formas únicas y coloridos
en millones de especies, nunca iguales.

De grandes ríos, miles de afluentes
son en la selva vías
por donde van a descubrir las gentes
que baladíes son sus fantasías
ante mil seres que hay allí presentes.

Quien piensa que este mundo es diminuto
se olvida para quien fue este creado.
Fue para el ser humano como centro,
pequeño en cuerpo, mas gigante adentro.

Compárese con átomos del universo.
¿De cuántos consta una menuda gota?
De tantos que, para contar dispersos,
casi una eternidad falta al que anota.

Nada común existe con estrellas
entre nuestro destino y nuestro estado.
Nuestro peregrinar no ocurre en ellas.
A este planeta se nos ha asignado.

Sí, planeta: la Tierra es un planeta,
un cuerpo celeste … un astro … un lucero
que a una luna sujeta
y del Sol, una estrella, es compañero.

Al ver cada portento natural
en él, hay que gritar así: "¡Tremendo,
formidable, imponente, colosal,
fabuloso, fantático, estupendo!"

Se siente anonadado el que lo grita
si mira el Everest o el Aconcagua
o acude a una cita
frente a un gran espectáculo de agua
como la enormidad del Amazonas,
la blanca gigantez de cataratas
que aun a miles de apáticas personas
en Iguazú y en Niágara arrebata,

o si baja al Cañón del Colorado
y observa formaciones con modelos
de rocas de antiquísimo pasado;

o ve partes de sábanas de hielo
como Antártida: todo un continente,
o glaciares en marcha permanente.

De ríos como el Nilo y como el Plata
millares hay; y muchas más montañas;
e infinidad de inmensas cataratas;
y abundan los glaciares que el mar baña;
y aun cubren en los cinco continentes,
vírgenes selvas, cada cual más densa,
latitudes heladas o calientes.

El que no advierte que es la Tierra inmensa,
bastante más que su grandor desdeña
si enceguecido piensa
nomás que en dimensiones: que es pequeña.

Aun siendo así es en los cielos gema,
y una joya preciosa no es ingente;
valor da a una corona o una diadema
si es única, y es bella y permanente.
Cuesta más una sola, que canteras
de ciclópeos granitos y sillares.

Así contrasta el mundo con esferas
gigantes sin atmósfera ni mares,
creaciones de Dios, mas sin la vida
con su imagen sensible e inteligente.

La naturaleza invisible

Arcanos hay en la naturaleza
como viento invisible, que es aliento
o potencia de inmensa fortaleza;
o agua que sacia y sana con portento
siendo inodora, insípida e incolora.
Hay mas maravillas nunca vistas
que ya usa la ciencia que aún explora
sus causas y sus pistas.

Es lo invisible de la creación
según leyes divinas ignoradas,
la suprema expresión
de Quien torna existencias de la nada;

Quien encierra energía en los espacios
como en distancias dentro de los átomos
o en la efera celeste … :
Quien da volumen visible a los espacios.

Ondas incorpóreas

Mil ondas invisibles
circundan sin vehículo este mundo,
raudísimas, mas siempre disponibles,
captables en segundos.

Se mueven sin sustancia,
mas llevan a los ojos y al oído
la luz de gran distancia
y el son de voz, de música y de ruido.

No son ondas vacías
que marchen con estorbo
si un conductor las canaliza y guía
por el espacio inmenso y corvo.

En un momento, van de polo a polo
o dan al ecuador vuelta completa,
llevando cuanto un individuo solo
mande a todas las gentes del planeta.

Por el ciberespacio, ya sin dueños,
van en redes de redes
imágenes, mensajes o diseños
trasponiendo fronteras y paredes.
Ese irreal terreno
lo recorre quienquiera sin traslado,
y de cuanto no es ajeno
se apodera con dedos y un teclado.

La electricidad

Electrónica es esa maravilla,
de la cual los humanos se hacen ayos
porque apresan la fuerza con que brillan
relámpagos y rayos.

Es la electrcidad
que del ínfmo átomo se escapa,
mas ignora que es en realidad
quien para fines prácticos la atrapa.

Se halla por todo el universo.
¿Forma es acaso del poder de Dios?
Queda el espíritu en misterio inmerso:
notar tal fuerza, ¿no es oir su voz?

El Creador hizo el cerebro centro,
en carne humana, de energía eléctrica.
Es su presencia espiritual adentro
que en la conciencia alienta juicio y ética.

Van y vienen estímulos e impulsos
por las líneas de miles de neuronas.
¿Son apenas biológicas funciones
o la mayor de las revelaciones:
que imágenes de Dios son las personas?
Con esa fuerza, sintoniza el alma
con designios de Dios,
pues sin pecado que interfiera, empalma
en una voluntad la de los dos.

Además de magnitud, gran cantidad

Lo tan maravilloso de la Tierra,
además de estupenda magnitud
de su extensión que aterra:
su anchura y longitud

con sus cumbres y sus profundidades;
también el totalismo
de seres con pasmosas cualidades
que excitan paroxismo.

Prodigiosa es también la cantidad
de diversos gigantes poliformes
distribuidos en esa vastedad
de límites enormes.

¡Y cuánta profusión de componentes,
de partes y elementos hay en todo!
¡Y cuántas piezas mínimas los entes
contienen de este modo:
moléculas, y átomos … partículas …!

Las formas y figuras o contornos
que convierten en cosas las sustancias
son hermosos adornos
con orden, simetría y elegancias.
Se suman deleitosos accidentes
como extras bendiciones:
texturas, y sonidos, y perfumes, y colores.
De estos, por millones, y millones.

La imagen de Dios en la Tierra

De todo lo gigante o numeroso,
sea químico, físico o viviente
creado por el Todopoderoso,
es la dueña de sí nomás la gente.

Su energía especial de entendimiento
que a su mente creadora da poderes
de voluntad y aliento,
no anima la existencia de otros seres.

De sí tiene conciencia al ser persona,
diferente de cuanto la rodea;
se analiza, se expresa y perfecciona
con su don exclusivo de la idea.

En el mundo, del cual anda al encuentro,
da mucho con legítima delicia
de lo que lleva adentro:
crea, inventa y preserva lo que inicia.

De todos sus impulsos, el mayor
hacia cosas y prójimos en torno
es una inclinación llamada amor.

Lo vuelca aun sin espera de retorno
en la naturaleza,
la patria en que tacó el mundo al nacer
o en abstracciones como la belleza,
la bondad, la justicia y el deber.

Como fisonomías e igualdades
de las características paternas,
el ser humano exhibe propiedades
de su Hacedor, internas:

como El, un ser espiritual completo,
sensible, inteligente, personal,
movido por lo bello y lo perfecto:
¡la imagen de su Padre celestial!

Trasciende carne, y huesos, y materias
con afecto, y razón, y entendimiento.
Siendo capaz así de encuestas serias,
le inquiere el pensamiento:

"¿Qué sentido y valor tiene la Tierra
más allá de su hermosa realidad?"
¡En ella es donde el albedrío cierra
nuestro destino por la etemidad!

Quien, armado de ciencia, sale en pos
de existencias, misterios y verdades,
al comprenderlos halla siempre a Dios,
y a imitarlo se dan sus facultades.

Si vadea entre causas y valores
tras la sabiduría,
su arrebato halla voz en esplendores
de sublime expresión con la poesía.

Se le traba, exaltada, la garganta;
siente encendidos y húmedos los ojos;
entonces, se levanta
para caer de hinojos:

"Señor --le grita at Creador de todo--,
ya que una hechura tuya soy también,
da relieve a tu imagen en el lodo
con que de polvo me formaste. Amén".

SEGUNDA PARTE

RESTAURADA Y ETERNA TIERRA NUEVA

Restauración del hombre

Al fin, restauración
a estado original
de la "corona de la creación,"
a la que tanto le ha afectado el mal.

El hombre había adoptado a criaturas
y a cosas, y a pasiones,
y a riquezas, y a medios, y a culturas
por únicas medidas de sus aspiraciones.

Mas como hay por todo el universo
diseño y plan divino,
descubrió, en gran meditación inmerso,
que la vida sin muerte es su destino.

Al Creador se había sentido igual
porque inventaba efímeros objetos;
mas vio que en eso consistía el mal
con todos sus mortíferos efectos;
que son de sustancias ya existentes
los materiales con que hace inventos;
que todos los productos de su mente
vienen de Dios, y son descubrimientos.

Ya convertido, le repugna el mal.
No actúa más si el bien está en ausencia.
Ya no sofoca con fruición sensual
la voz de la conciencia.

Es sumiso al usar la libertad
con que el Señor dignificó su ser
al darle voluntad
y el don de resolver.

No niega a los demás
su derecho, su honor y su interés,
dejándolos atrás:
"primero el yo, y el prójimo después."

Comprendió que es simiente la injusticia
del odio y de la guerra,
de la barbaridad y la malicia
que dañaron la Tierra.

Se espantó al ver que ha desplazado al bien
por todo el mundo el mal.
Se esfuerza antonces por volver a Edén
y a inocente obediencia original.

Recobró su tendencia a obrar lo bueno
que se hallaba dormida.
Su potencial para salvarse es pleno:
la ley moral de Dios es su medida.

Puede ahora elevarse en santidad
a la misma presencia del Señor.
Sólo sigue la luz de la verdad
y el impulso divino del amor.

Le emana la virtud de muy adentro:
de un corazón converso
que vuelve a ser el centro
de unión con Quien sostiene el universo.

Como en tiempo y espacio sin confín
puede sentirse ahora,
aún mortal, con lo infinito afín:
algo divino en su interior ya mora.

Esa vivencia es anticipación
del Nuevo Paraíso terrenal
en su feliz final restauración
cuando se acabe para siempre el mal.

Puede iniciarse aquí, ya de una vez,
de breve finitud, la eternidad;
de altivo frenesí, la sensatez;
de abyecta corrupción, la santidad.

Podrá ser trasladado al Nuevo Edén,
pues lleva un anticipo desde aquí:
ya en su conducta ha preferido el bien
que ha de regir allí.

Por rebelión, error o deficiencia,
se había opuesto al sabio plan de Dios;
mas se deleita hoy en la obediencia
y en ir del bien en pos.

Por pecados de odio y de avaricia,
se había hecho reo de la muerte;
mas en el Dios de amor y de justicia,
su gracia y el amor son lo más fuerte.

Aunque cayó en desgracia,
brindóle el Padre generosa alianza.
Sobreabundó la gracia
que concede perdón y da esperanza.

El mal pudo ofuscarle el raciocinio
con enorme perjuicio,
pero no su exterminio.
El Creador quiere intocable el juicio.

Por eso es responsable el ser humano
de obrar el bien y resistir el mal.
Su sino está en su mano:
castigo o premio por su opción moral.

No siempre llega aquí la punición
por falta de victoria;
tampoco, por el triunfo, el galardón:
la corona de gloria
vendrá después allá en la Nueva Sion.

Comprende bien que su elección de ahora
determina el destino de mañana:
la perdición, si lo del mal adora;
vida sin fin, si por el bien se afana.

Como ha elegido siempre obrar lo bueno,
es su carácter cada vez mejor,
mucho más noble y santo; siempre lleno
del poder que lo hace triunfador.

Asciende tanto en alas de la fe,
más allá de lo actual,
que toca realidad que no se ve:
traspone este lindero terrenal.

¡Ha rebasado al fin la finitud
para alcanzar al Todopoderoso!
¡Llegó a la plenitud
de su tesón virtuoso!

Recobra así la prístina natura
en ámbito de vida personal:
fiel, inocente y pura
como era Adán antes de entrar el mal.

Padre Adán, con un cuerpo hecho de arcilla,
fue puesto por guardián del mundo lleno
de prodigio, portento y maravilla
que "vio Dios que era bueno."

Tenía Adán espíritu, conciencia,
razón, inteligencia, pensamiento
y un alma, como esencia,
de nobles sentimientos el asiento.

Así dispuso Dios su gran designio:
"A nuestra semejanza sea el hombre."

Lo hizo superior en su dominio,
por donde a cada ser le dio algún nombre.

Adán era perfecto
como todo en su hermoso señorío,
con esclarecidísimo intelecto,
más voluntad, poder, libre albedrío.

Mas por desobediencia de este Adán,
cayó gran maldición sobre la Tierra.
Entonces, Dios mandó al Segundo Adán,
no creado del polvo de la tierra:
que no era tan sólo alma viviente,
sino el Espíritu que todo encierra.

No era un oriundo terrenal agente;
venía desde mucho, mucho antes
de que tuviera el tiempo dimensión:
de misteriosa plenitud eterna,
preexistente a la entera creación
que sostiene y gobierna.

Este Segundo Adán vino de arriba,
donde junto al Altísimo completa
la amorosa y común iniciativa
de adaptar para el hombre este planeta.

Era la Acción de Dios, que de su Gloria
descendió para hacerse sangre y carne;
sólo así obtendría la victoria
sobre el mal: al hacerse sangre y carne.

Así pasó por este mundo nuestro:
con perfección y amor sin paralelo,
en la forma de humano y de maestro
para ser Salvador y ser modelo.

Al padre Adán lo hizo pecador
un ángel: Lucifer, el enemigo
de Dios Nuestro Señor el Creador,
quien lo expulsó del Cielo por castigo.

Lo debió derrotar el Nuevo Adán
como rescate de la humanidad,
según un sempiterno amante plan
para expurgar del mundo la maldad.

Restauración del mundo

Como el hombre, sufrió también el mundo
después del cataclismo
del diluvio, que alzóse furibundo
sobre montañas desde el hondo abismo.

En este globo, desde Edén normal,
no hallaron los tornados resistencia
y, en fiero temporal,
sumergieron el suelo con violencia.

Al aflorar al fin la superficie,
muy arrugada y fuera de sus quicios,
reemplazada quedaba la planicie
por volcanes, peñascos, precipicios.

Con material del fondo de los mares
se formaron, enormes, más montañas
que aun tienen en anómalos lugares
cosas que el mar produce en sus entrañas.

Las alteradas placas de las rocas
que se han sobrepuesto o que se han roto,
sacuden a la Tierra, le abren bocas
e impulsan el temblor del terremoto.
El cambio de los climas, en aumento,
con extremos de frío y de calor
le dan velocidad tan fuerte al viento
que lo tornan ciclón devastador.

Mas deleitan aún vestigios bellos
no del todo asolados por el mal:

estupendos, magníficos destellos
de excelencias del orbe original.

Será así el Paraíso re-creado,
sin noche y sin invierno.
Nada jamás lo tragará un pasado,
pues todo será eterno.

Justos que ha mucho duermen en la tumba
donde mil años pasan como un día,
oirán la voz de trueno que retumba
llamándolos a un sol de mediodía.

La voz será del Verbo y Nuevo Adán,
quien vendrá en Gloria por segunda vez
a completar su sempiterno plan
con toda potestad de Justo Juez:
la salvación para el que fue genuino;
la perdición para el que obró maldad.
De los vivos y muertos el destino,
va a sellar él para la eternidad.

¿Quién puede calcular la eternidad:
millones, o billones, o trillones
de años, de centurias, de milenios?
¿Qué mortal va a entender la infinidad?

Pasó todo lo antiguo
que estuviera estragado de algún modo.
Muy grande será el bien donde era exiguo:
sólo bien, pues el bien estará en todo.

Lo decretó Quien es principio y fin,
el que es aún el Alfa y la Omega,
Quien de lo noble aventa lo que es ruin
y da, según la siembra, justa siega.

Así serán los fieles, vencedores
de sí mismos y todos sus pecados,
para quienes el mayor de los honores
es ser hijos de Dios justificados:

No habrá más envidiosos ni rivales;
en su naturaleza superior,
los salvados serán por siempre iguales,
pues llevarán la imagen del Señor.
Siendo hijos del Todopoderoso,
no tendrán unos menos y otros más:
nadie será más rico o poderoso
que explote a los demás.

En suelo de la Tierra renovada,
quien plante viña comerá su fruto;
será lo que edifique la morada
suya, sin hipoteca ni tributo.

En Nuevo Edén, guiado por un niño,
"el león comerá paja como el buey,"
objeto de atención y de cariño,
muy dócil en la grey.

Del forraje del prado,
como socio de toda su abundancia,

comparte con leones el ganado
sin buscar protección en la distancia.

Al ex-carnívoro y raudo lobo
se verá en compañía del cordero,
ya sin instinto de rapiña y robo.
Son productos del mismo criadero.

Con el cabrito pastará el leopardo,
ya sin sus zarpas con garras afiladas
como las puntas de un agudo dardo;
no le hacen falta: renunció a celadas.

Retoños de la osa y de la vaca,
sin desegregación, jugarán bien
en campos donde nada las ataca,
ni entre sí se disputan el sostén.

No tendrá más veneno la serpiente:
del polvo extraerá todo sustento;
más bien, exhibirá graciosamente
sus colores y su deslizamiento.

A desiertos de hielo, arena o roca
con escasez de árboles y pastos,
mezquinos a los ojos y a la boca,
reemplazarán al fin vergeles vastos.

La tierra que antes era seca y yerma
tendrá sus lagos, ríos, manantiales
que para siempre acabarán la merma
de ricos alimentos esenciales.

Se llenará de flores el desierto
para que abunden mieles, frutas, granos
y anímese el concierto
de seres vivos satisfechos, sanos.
El sol hoy sólo mira de soslayo
la cara de la Tierra que lo mira
y le envía siempre en ángulos sus rayos;
tampoco va con ella cuando gira.

La luz no vendrá más sólo del sol
"porque el Señor la iluminará."
El astro rey ya no estará en control
por orden de Jehová.

Por siglos de los siglos, este mundo
recibirá del universo preces
porque ha causado al mal fin tan rotundo
que no se manifestará "dos veces."

Abundarán por todo el Mundo Nuevo
materiales preciosos y longevos:
berilo, jaspe, onice y esmeralda;
perlas, topacio, cornalina y oro;
crisopraso, y crisólito, y ágata;
zafiro, y jacinto, y amatista.

Mas será espiritual el bien mayor:
hallarse el alma bienaventurada
en presencia gloriosa del Señor
sin que le impida nada.

Con relámpago y trueno,
retumbará la omnipotente voz:

El que venciere, heredará lo bueno;
será mi hijo, y yo seré su Dios.
Habitará en la Tierra restaurada
con fiel simiente de la humanidad.
Disfrutará de lo que él mismo añada,
siendo feliz por sempiternidad.

Esta sanción se oirá en tono profundo
del Todopoderoso: Hecho está.
Entonces, al maravilloso mundo
su sino original restaurará.

No habrá dolor, ni lágrimas, ni llantos,
ni muerte, ni clamor
jamás entre los santos,
unidos en amor.

Así como hoy las aguas llenan mares,
también la Tierra Nueva estará llena
de corazones que serán altares.
La bienaventuranza será plena.

No tendrá nada extraño, impropio, externo,
caduco, pasajero ni final.
Todo será imperecedero, eterno,
duradero, perpetuo e inmortal

Habrá sólo alegría allá en la Gloria:
bienandanza, felicidad, salud.

Se llenará tan sólo la memoria
de bienestar, fortuna, beatitud.

Tal fue siempre el plan original,
teniendo Dios en cuenta de antemano
lo efímero del mal
aun antes de crear al ser humano.

Nunca habrá otra codiciable fruta,
ni árbol del bien, ni árbol del mal;
y a la serpiente astuta,
le asestó el Nuevo Adán golpe fatal.

La prueba de lealtad es sólo fe,
fe en el Último Adán.
Por las edades, así siempre fue
su sempiterno plan.

El fuego extinguirá todo lo impuro,
feo o injusto: los frutos del pecado.
En nuestra Tierra Nueva y su futuro,
nuevo será lo antiguo transformado.

Como joya celeste, nuestra esfera
que engastó en su universo el Creador
será otra vez como era:
toda hermosura, perfección: primor.

La Tierra, sólo tierra, ya sin mares,
refulgirá con luz siempre en derroche
de la Gloria de Dios, no luminares.
Entonces, no habrá noche.

Por infinito espacio y tiempo eterno,
continuará en su órbita la Tierra,
sin frío y sin invierno:
para siempre en perfecta primavera.

Para fieles de todas las naciones
de la historia, será como el Edén
pudo haber sido: todo perfecciones
e imperturbable bien.

¡Oh, cuánto más maravilloso mundo
será esta patria humana redimida,
con el don más rotundo
de la Gracia Divina sin medida!

Printed in the United States
By Bookmasters